자신만만 과학책

자신만만 과학책 생물

2011년 3월 30일 초판 발행
2017년 9월 5일 4쇄 발행

지은이 | 이흥우
그린이 | 김영진
펴낸이 | 김기옥
펴낸곳 | 봄나무
편집디자인 | 박대성
영업팀장 | 김선주
지원 | 고광현, 임민진
제작 | 김형식
등록 | 제313-2004-50호(2004년 2월 25일)
주소 | 121-839 서울시 마포구 양화로11길 13 (서교동, 강원빌딩 5층)
전화 | (02) 325-6694 | 팩스 (02) 707-0198
이메일 | info@hansmedia.com

도서주문 | 한즈미디어(주)
주소 | 121-839 서울시 마포구 서교동 392-34 강원빌딩 5층
전화 | (02) 707-0337 | 팩스 (02) 707-0198

ⓒ 이흥우 2011
SBN 987-89-92026-66-6 73470

* 이 책 내용의 일부 또는 전부를 재사용하려면 반드시 저작권자와 봄나무 양측의 동의를 얻어야 합니다.
* 이 책에 실린 사진 일부는 저작권자를 찾지 못한 채 쓰였습니다. 뒤에 연락해 주시면 합당한 사용료를 드리겠습니다.
* 책값은 뒤표지에 나와 있습니다.

사진 자료 제공

p137 http://www.flickr.com/photos/ecstaticist/207373848/
p178 http://www.sciencephoto.com/images/download_wm_image.html/P474021-Rolled_tongue-SPL.jpg?id=804740021
p189 http://www.flickr.com/photos/59303791@N00/247319293/sizes/o/in/photostream/
p193 http://www.flickr.com/photos/plantdiversity/3878088707/

자신만만 과학책

이흥우 지음 | 김영진 그림

봄나무
Bomnamu Publishers

| 머리글 |

외우는 지식이 아닌, 스스로 원리를 아는 과학

　우리는 매일 세끼 밥을 먹어요. 그리고 숨을 쉬지요. 그러나 "밥을 먹는 이유가 무엇인가요?" 혹은 "숨을 쉬는 이유가 무엇인가요?"라고 물어보면 제대로 대답하는 친구가 많지 않습니다. 그저 "배가 고프니까요."라고 하거나 "살려고요."하고 답하곤 하지요. 이런 말들이 틀린 것은 아니지만, 과학적인 대답이라고 할 수는 없습니다. 질문에 이렇게 단순히 답하는 까닭은 평소에 생물을 암기하듯이 공부하고, '왜 그럴까?' 하는 질문을 스스로 던져 보는 습관이 없었기 때문이지요.

　생물을 공부할 때도 다른 학문과 마찬가지로 주변에서 일어나는 일들에 대해 '이런 현상이 왜 일어날까?' 하고 곰곰이 생각하는 데서 출발해야 합니다. 스스로 고민하며 답을 찾는 과정에서 어떤 자연 현상이 일어나는 원리에 대해 알게 되고, 그와 관련 있는 여러 가지 지식도 알게 되는 것이랍니다.

　단순히 암기해서 답을 고르면 쉽게 답을 맞힐 수 있을지는 모르지만,

　곧 과학에 흥미를 잃게 되지요. 기본 개념과 원리를 모르면 무궁무진한 과학 현상이 일어나는 까닭을 알 수 없으니까요. 그러나 그 뒤에 숨어 있는 원리를 찾아내고 좇아가다 보면 과학이 재미있어지고, 자연 현상을 과학적으로 바라볼 수 있는 눈이 생길 것입니다.

　《자신만만 과학책 – 생물》은 우리 몸에서 일어나는 여러 가지 현상을 중심으로 중요한 생물 원리와 개념을 배울 수 있도록 꾸몄어요. 그래서 이 책에는 많은 질문이 들어 있지요. 여러분이 책을 읽으면서 질문에 대한 답을 스스로 생각해 보고 이해할 수 있도록 하였답니다. 이 책과 함께 생물의 원리를 찾아 여행을 떠나 보세요. 어느새 생물 공부에 자신만만해진 여러분의 모습을 보고 놀라게 될 거예요.

　끝으로 우리 친구들이 읽기에 좋도록 책을 예쁘게 만들어 주신 봄나무 출판사 여러분에게 감사드려요.

2011년 3월, 이홍우

| 차례 |

1 여우야 여우야 뭐 하니, 죽었니 살았니? 9
생물의 특징

2 머리와 꼬리가 달린 정자도 세포일까? 33
세포의 구조와 기능

3 뜨거운 떡이 더 달까, 미지근한 떡이 더 달까? 55
소화효소

4 모든 동물의 피는 붉은색일까? 79
혈액의 순환

5 달리기를 하면 왜 숨이 찰까? 99
호흡운동

6 마음은 어디에 있을까? 117
   뇌와 신경

7 추우면 왜 몸이 덜덜 떨릴까? 143
   항상성과 체온조절

8 나는 왜 엄마 아빠와 혈액형이 다르지? 163
   유전

9 식물은 녹색 빛을 좋아할까? 185
   식물의 광합성

10 무인도에서 오래 살아남는 방법은? 205
   생태계

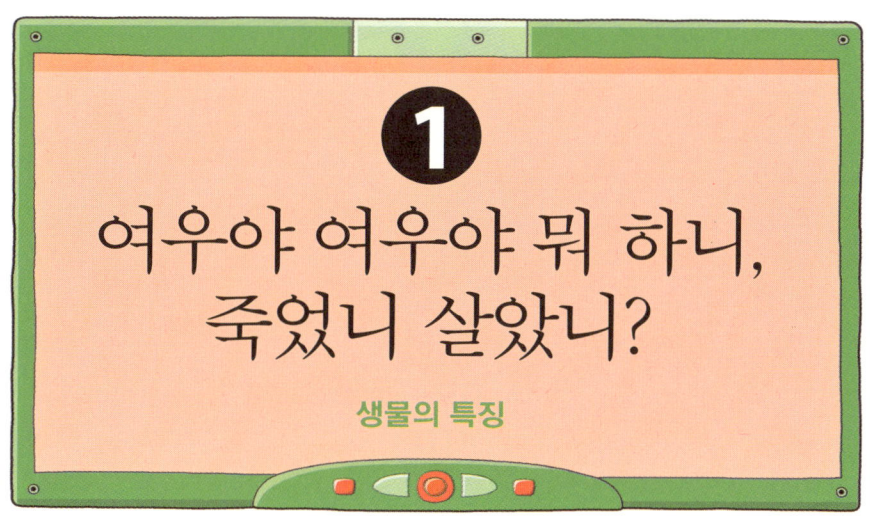

1 여우야 여우야 뭐 하니, 죽었니 살았니?
생물의 특징

여우야 여우야 뭐 하니 - 잠잔다 - 잠꾸러기
여우야 여우야 뭐 하니 - 세수한다 - 멋쟁이
여우야 여우야 뭐 하니 - 밥 먹는다 - 무슨 반찬 - 개구리 반찬
죽었니 살았니 - 살았다

 여러분 이 노래를 들어 본 적 있나요? 지금보다 어릴 적에 자주 부르던 노래라고요? 아마 이 동요를 부를 때는 놀이도 같이 했을 거예요. 노래를 하며 친구들과 한바탕 뛰고 나면 신이 났겠지요. 그런데 왜 갑자기 노래 이야기를 하냐고요? 지금 우리는 살아 있는 것이

무엇인지 공부하려 하거든요.

이 노래의 마지막 구절에서는 "죽었니 살았니?" 하고 물어보고 있어요. 술래는 마지막에 "살았다!"라고 대답하면서 친구들을 쫓아가죠. 마치 살아 있는 여우가 먹이를 잡아먹으려고 쫓아가는 것처럼요. 반대로 여우가 죽었다면 술래는 어떻게 해야 할까요? 물론 가만히 있어야겠죠? 죽은 여우는 배고플 리 없고, 움직일 수도 없으니까요.

자, 첫 시간이니 아주 쉬운 문제를 하나 낼게요. 여우는 생물입니다. 왜 생물이라고 할 수 있을까요?

헤헷, 맞춰 보라고!

? 여우가 생물인 까닭은 무엇 때문일까?

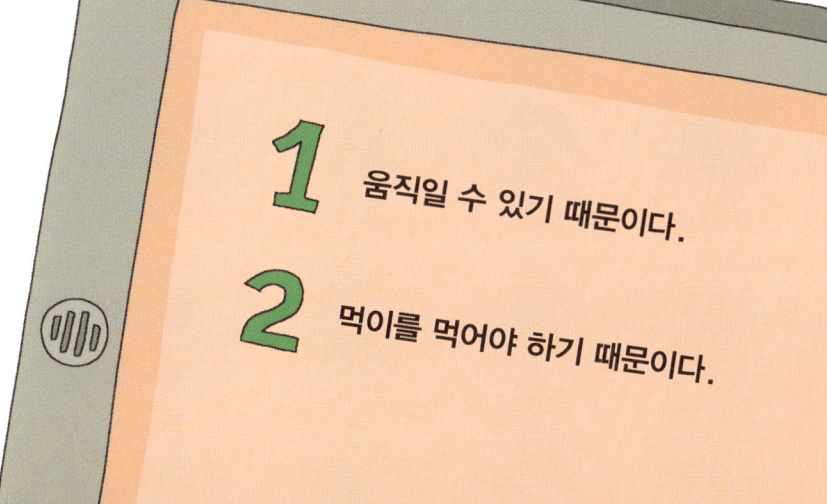

 **살았다는 것과 죽었다는 것**

우리 아들이 세 살 때였어요. 어느 날 그 애를 차에 태우고 운전하는데 아들이 질문을 했어요.

"아빠, 자동차는 살아 있는 거야, 죽은 거야?"

아들은 자동차가 움직이니까 살아 있다고 생각했던 것 같아요. 아들의 질문에는 '움직이는 것은 살아 있는 것'이라는 생각이 숨어 있었던 거지요. 저는 순간 당황했어요. 세 살짜리 꼬마에게 살아 있다는 것이 어떤 것인지 알려 주기가 쉽지 않았거든요. 왜냐하면 움직인다고 꼭 살아 있는 것은 아니니까요. 비행기도 움직이고, 로봇도 움직이지만 살아 있다고 하지는 않잖아요. 여러분도 한 번 생각해 보세요. 이럴 땐 뭐라고 이야기해 줄 건가요?

그때 이렇게 답을 했어요. "움직인다고 다 살아 있는 것은 아니야. 살아 있는 것은 모두 새끼를 낳는단다. 너 자동차가 새끼 낳는 것 봤니?" 하고요. 그랬더니 아들이 대답했어요. "그러면 아빠는 아기를 낳지 못하니까 살아 있는 게 아니네. 그런데 어떻게 운전을 해?"

저는 그만 할 말을 잃었답니다.

여러분은 주변에서 살아 있는 것과 죽은 것을 쉽게 구분할 수 있을 거예요. 자, 다음에서 살아 있는 것이 무엇이고, 죽은 것이 무엇인지 구분해 보세요.

고양이, 배추, 버섯, 바위, 컴퓨터, 대장균, 고드름, 로봇

《자신만만 과학책》을 읽는 우리 친구들에게는 너무 쉬운 문제죠? 고양이, 배추, 버섯, 대장균은 살아 있는 것들, 즉 '생물'이에요. 바위, 컴퓨터, 고드름은 죽어 있는 것, 즉 '무생물'이죠. 자, 그러면 여러분이 생물과 무생물을 구분한 기준은 무엇인가요?

고양이와 배추는 모두 살아 있죠. 그러면 이 둘에 어떤 공통점이 있어서 살아 있는 것에 포함시켰나요?

고양이는 움직이지만 배추는 움직이지 못해요. 또 고양이는 먹이를 먹지만 배추는 먹이를 먹는 것을 볼 수 없습니다. 아, 고양이와 배추는 모두 자란다고요? 그런데 고드름도 자라요. 처음 처마 밑에 매달릴 땐 조그맣던 고드름도 시간이 지날수록 손가락보다 훨씬 굵고 길어지잖아요.

그런가 하면 고양이는 새끼를 낳고 대장균은 새끼를 낳지 못하지만, 대장균도 고양이와 마찬가지로 살아 있는 생물이에요. 그러면 대장균과 버섯의 공통점은 무엇인가요? 분명히 살아 있는 것은 맞는데 말이죠. 또 로봇은 움직이고, 심지어 말도 하죠? 앞에 물건이 있는지 없는지 알 수도 있고요. 하지만 로봇을 보고 살아 있다고 하지는 않아요.

움직인다고 다 생물은 아니랍니다. 자란다고 다 생물도 아니고요. 먹이를 먹지 못하거나, 새끼를 낳지 못한다고 해서 생물이 아니라고 하지는 않아요.

좀 어렵죠? 이제 여러분은 눈치챘을 거예요. 살아 있는 것과 죽은 것, 즉 생물과 무생물을 구분하기는 쉽지만 이 둘의 차이를 설명하기는 쉽지 않다는 것을요. 마치 사랑이 있는 것은 알지만, 사랑이 무엇인지 말하기는 어려운 것처럼 말이죠.

 **살아가려면 에너지와 물질이 필요하다**

가끔 수업시간에 학생들에게 "우리는 왜 먹는 거지?"라고 질문해 볼 때가 있어요. 학생들은 흔히 "살기 위해서요."라고 대답합니다.

그러면 다시 묻죠. "살기 위해서는 왜 먹어야 하지?"라고요. 이렇게 물으면 우물쭈물 답을 잘 못해요. 여러분에게 누군가 이렇게 묻는다면 뭐라고 대답할 건가요?

우리가 먹는 이유는 크게 두 가지라고 할 수 있어요. 하나는 힘을 얻기 위해서고, 다른 하나는 몸에 필요한 물질을 얻기 위해서죠. 그런데 밥을 먹으면 왜 힘이 날까요? 그리고 우리에게 필요한 물질을 어떻게 얻을 수 있는 걸까요?

밥에는 영양소가 들어 있습니다. 탄수화물, 지방, 단백질, 물, 무기염류, 비타민 등이 바로 영양소예요. 몸에 필요한 힘과 물질을 이들 영양소에서 얻는답니다.

여러분은 밥을 굶어 본 적이 있나요? 밥을 굶으면 일어설 힘도 없고, 말할 힘도 없어져요. 그저 누워 있고만 싶어지죠. 계속 굶으면 죽고 말 거예요. 자, 이제 살아가려면 힘이 있어야 한다는 것을 알 수 있죠? 힘은 다른 말로 '에너지'라고 해요. 사람뿐 아니라 식물도 에너지가 있어야 살 수 있습니다. 그럼 식물은 음식을 먹지 않는데, 어떻게 에너지를 얻을까요?

바로 광합성으로부터 에너지를 얻습니다. 광합성은 햇빛 에너지를 이용해서 영양소를 만드는 거예요. 그래서 식물은 음식을 먹지 않아도 햇빛으로부터 에너지를 얻죠. 식물을 그늘에 계속 두면 점점 시들다가 죽고 말 거예요. 마치 동물이 먹이를 먹지 못하면 죽는 것과 마찬가지죠. 에너지를 얻을 수가 없기 때문입니다.

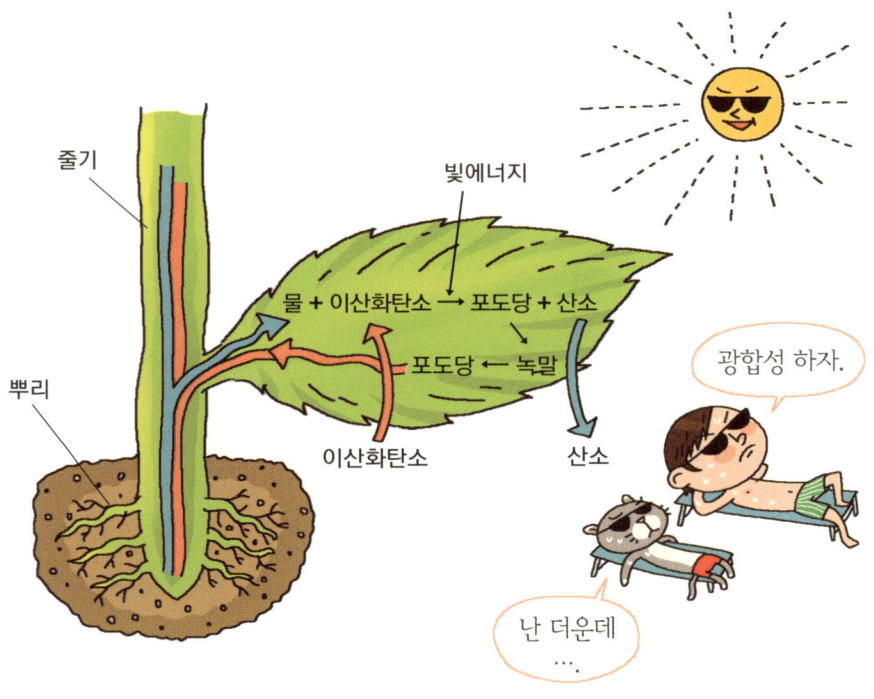

지금쯤 이런 질문을 떠올리는 친구들도 있을지 모르겠네요.
'몸에 들어온 에너지는 어떻게 변하는 걸까? 왜 우리는 하루에 세 끼를 먹어야 하고, 식물이 살아가려면 왜 빛이 필요할까? 한 번 밥

을 먹고 얻은 에너지를 계속 쓸 수는 없는 걸까?'

모두 아주 중요한 질문이에요. 에너지에 대해 좀 더 알아보며 함께 생각해 보기로 해요. 에너지는 생물의 몸에 들어가서 쓰인 뒤에는 반드시 몸 밖으로 빠져나와요. 에너지는 흘러가는 거예요. 붙잡을 수 없답니다. 그래서 생물은 계속 에너지를 공급받아야 합니다. 어때요, 어렵지 않죠? 자, 이제 생물의 중요한 특징을 하나 알게 되었습니다.

> 모든 생물은 에너지가 필요하고, 그 에너지를 계속 얻어야 한다.

그래서 우리는 매일 밥을 먹어야 하고, 식물은 햇빛을 받아야 하는 거예요. 밥을 먹는 이유가 또 무엇 때문이라고 했죠? 바로 몸에 필요한 물질을 얻기 위해서죠. 고양이나 개, 배추 등 생물이라면 모두 몸을 가지고 있어요. 그 몸을 만들려면 물질이 필요해요. 물론 우리 몸을 만드는 물질은 영양소예요.

한창 자라는 어린이들은 특히 영양소를 잘 섭취해야 합니다. 집을 지으려면 벽돌이나 유리, 기와가 필요하듯이 몸이 자라려면 영양소가 많이 필요하니까요. 식물은 사람처럼 음식을 먹지는 않지만, 광합성으로 필요한 물질을 만들고 뿌리에서 물질을 흡수하기도 하면서 자라요. 이처럼 생물이 자라고 살아가려면 물질이 필요합니다. 그럼 다 자란 어른들은 더 이상 물질이 필요 없을까요?

성장이 멈췄다고 해서 물질이 필요하지 않은 것은 아닙니다. 어른들도 아이들처럼 끊임없이 물질이 필요해요. 예를 들어 입안의 벽을 이루는 세포는 계속 바뀐답니다. 오래된 것은 떨어져 나가고 새로운 세포가 그 자리를 대신하죠. 소화관 벽도 그렇고 적혈구, 백혈구도 마찬가지예요. 우리 몸의 여러 부분은 계속 새로운 세포로 바뀝니다. 마치 집을 새로 짓지 않더라도 낡은 벽지를 떼어 내고 새 벽지를 붙이고, 낡은 지붕을 새로운 지붕으로 바꾸는 것처럼요. 또 세포가 일하려면 단백질이나 지방 등이 필요하답니다. 이 부분은 좀 어려우니 다음에 다시 이야기하기로 해요.

자, 그러면 생물의 중요한 특징을 또 하나 정리할 수 있겠네요.

> **생물은 몸을 만드는 데 필요한 물질을 계속 얻어야 한다.**

밥을 먹는 이유, 즉 영양소가 필요한 이유는 에너지를 얻고 물질을 얻기 위해서라고 했죠? 그러면 영양소로부터 어떻게 에너지를 얻어서 몸에 필요한 물질을 만들 수 있을까요?

우선 에너지를 얻는 방법부터 생각해 보기로 해요. 우리가 먹는 쌀밥은 대부분 '녹말'이라는 탄수화물로 이루어져 있습니다. 녹말이 몸속에서 소화되면 포도당이 생겨요. 바로 이 포도당을 흡수해서 몸이 이용하는 거예요. 포도당은 우리 몸에서 가장 중요한 연료랍니다. 우리는 에너지를 대부분 포도당으로부터 얻거든요. 쌀뿐 아니라 주식으로 이용하는 보리, 밀, 옥수수 등의 곡물은 모두 녹말이 주성분이에요. 이런 곡식으로부터 몸에 필요한 연료를 얻는 거예요.

그러면 포도당으로부터 어떻게 에너지를 얻을까요? 에너지는 바로 포도당을 분해할 때 나옵니다. 우리 몸의 세포는 포도당을 분해하는 능력이 있거든요. 포도당뿐 아니라 지방이나 단백질로부터 에너지를 얻으려면 분해해야 해요. 이렇게 영양소를 분해하는 것을 '이화작용'이라고 합니다.

그러면 몸을 만드는 물질은 어떻게 얻을까요? 우리는 영양소를 먹으면 그것을 소화시킵니다. 그리고 소화된 영양소를 흡수해서 몸에 필요한 물질로 만들죠. 벽돌로 여러 가지 모양의 벽을 쌓을 수 있듯이, 영양소로 몸의 각 부분을 만드는 거예요. 이렇게 몸에 맞는 물질을 합성하는 것을 '동화작용'이라고 해요. 다시 한 번 정리

물질대사 → 동화작용(합성): 몸을 만든다.
　　　　　→ 이화작용(분해): 에너지 얻는다.

생물은 모두 물질대사를 한다!

해 볼까요?

　섭취한 영양소는 이화작용으로 에너지를 얻는 데 쓰이거나, 동화작용으로 몸을 만드는 데 이용돼요. 이렇게 영양소가 이화작용이나 동화작용을 통해서 몸에 맞게 쓰이는 과정을 '물질대사'라고 해요. 즉, 이화작용과 동화작용을 합해서 물질대사라고 부르죠. 그래서 모든 생물은 물질대사를 한다고 할 수 있어요. 어렵지 않죠? 물질대사를 하지 않는 생물은 물론 없습니다. 죽어 있는 것들은 물질대사를 하지 않는답니다.

　여기서 조금 어려운 이야기를 할게요. 방금 물질대사란 영양소가 분해되거나 다시 합성되는 것이라고 했어요. 그러므로 물질대사는 모두 화학반응이에요. 소화도 물질대사 중의 하나이고, 커다란 영양소를 작은 영양소로 분해하는 화학반응이에요. 음식을 먹으면 영양소가 분해되는 것은 소화효소 때문이죠. 침이나 소화기관에서 나오는 '효소'라는 가위가 영양소를 잘게 잘라 주는 거예요.

만일 소화효소가 없다면 어떻게 될까요? 밥을 먹더라도 소화시킬 수 없겠죠. 음식이 저절로 분해되려면 얼마나 많은 시간이 필요할지 상상하기도 어려워요. 소화효소가 있어서 빠른 시간에 큰 영양소를 분해할 수 있답니다. 소화라는 화학반응이 빨리 일어나도록 효소가 돕는 거예요.

몸에서 일어나는 모든 화학반응이 마찬가지입니다. 몸에 있는 여러 가지 효소가 물질대사를 도와줘서 우리가 건강하게 살아갈 수

있답니다. 생물은 모두 효소를 가지고 있어요. 효소의 종류는 아주 많은데, 알려진 것만 2천 가지가 넘으니 아직 발견하지 못한 것까지 합치면 수천 가지는 될 거예요.

 **생물은 영원히 살 수 없다**

여러분, 교실에서 친구들에게 이렇게 한 번 말해 보세요. "우리 100년 뒤에 교실에서 반창회 하자. 그때는 반드시 자기 자리에 앉아야 해."라고요. 100년이 흐른 뒤에 친구들은 몇 명이나 자기 자리에 앉을 수 있을까요? 아마 거의 없거나 잘해야 두세 명이 자리를 채울 거예요. 100년 뒤에 교실에서 만날 수 있는 친구들이 적듯이, 모든 생물은 태어날 때부터 죽어야 하는 운명을 가지고 태어납니다. 살아 있다는 말에는 언젠가 죽는다는 뜻이 숨어 있죠. 너무 심각한 이야기인가요? 하지만 그것이 자연의 섭리입니다.

그러면 영원히 살 수 없다는 것을 알고 있는 생물은 어떻게 할까요?

바로 자손을 세상에 남기려고 합니다. 영원히 살 수는 없으니, 자신과 닮은 자손을 낳아서 대신 살아가게 하는 것이죠. 그래서 생물은 번식한답니다.

사람은 여성의 난자, 남성의 정자로 자손을 만들어요. 물론 아기는 여성이 낳지만, 아기가 탄생하려면 난자와 정자의 수정 과정을 거쳐야 하죠. 그러므로 남자가 아기를 낳을 수는 없지만, 사람이 자손을 낳는다고 하면 틀린 말이 아니에요.

식물도 생식세포가 있어서 꽃가루받이, 즉 '수분'을 통해 씨를 만들어서 번식합니다. 식물도 언젠가는 죽어야 한다는 것을 알고 있으니까요. 그런가 하면 대장균 같은 세균은 분열해서 번식해요. 자신을 둘로 나눠서 생명을 이어 가는 것이죠. 버섯이나 고사리는 포자를 만들어서 자손을 퍼뜨리고요. 이렇듯 생물은 자손을 낳아 대를 이어 가게 한답니다.

그런데 생물은 자신과 닮은 자손을 낳습니다. 여러분도 부모님과 생김새를 비교해 보세요. 많이 닮았을 거예요. 이렇게 생물이 자기와 닮은 자손을 낳는 것을 '유전'이라고 해요.

유전은 DNA라는 물질에 있는 유전자에 의해 일어나요. 즉, 부모로부터 DNA를 물려받기 때문에 부모님을 닮는 거예요. DNA에는 사람의 몸을 이루는 설계도가 있어요. 여러분이 왜 부모님을 닮았는지 이해할 수 있겠죠?

생물이 자손을 낳는다는 것은 DNA를 자손에게 보관하는 셈이죠. 그리고 그 자손이 다시 자손을 낳으면, 그 DNA 또한 대를 이어 물려질 것입니다. 여기서 생물의 중요한 특징을 하나 더 말할 수 있겠죠?

> **생물은 자손을 낳는다. 그리고 DNA를 가지고 있다.**

지금까지 생물은 물질대사를 하고, 자손을 낳는 특징이 있다고 했어요. 재미있는 것은 이 두 가지는 누가 일러 주지 않아도 생물이 저절로 터득한다는 거예요.

갓난아기가 태어나면 엄마 젖을 빨지요. 누가 가르쳐 주지 않아도 아기는 엄마 젖을 찾아요. 바로 본능의 힘입니다. 만일 태어난 아기가 젖을 빠는 법을 모른다고 생각해 봐요. 아기는 건강하게 살기 어려울 거예요. 또 생물은 자기가 낳은 자손을 안전한 환경에서 건강하게 키워 내려고 하죠. 자손을 낳는 것은, 생물이 지구에서 살아남는 데 중요한 역할을 한답니다.

 ## 지렁이도 밟으면 꿈틀한다

　살아 있는지 죽었는지를 구분하는 방법 가운데 하나는 자극을 주었을 때 반응하는지를 살피는 거예요. 지렁이를 보고 생물이라 할 수 있는 것은 먹이를 먹고, 번식하는 것 말고도 자극을 주었을 때 반응하기 때문이죠. 밤에 지렁이에게 빛을 비추면 어두운 곳으로 도망가요. 그리고 지렁이는 비가 오는 날이면 땅 밖으로 기어 나옵니다. 비가 오면 땅속에 물이 차서 지렁이가 호흡하기에 불편하거든요. 이처럼 지렁이는 주위 환경이 변하면 그에 따라 반응해요.

　우리 몸도 자극에 반응합니다. 손에 뜨거운 물체가 닿으면 손을 뗀다든가, 시끄러운 음악이 들릴 때 귀를 막는 것은 모두 자극에 반응하는 행동이에요. 하지만 좀 더 복잡한 경우도 있답니다. 예를 들어 여름에서 가을로 계절이 바뀌며 날씨가 추워진다고 생각해 보세요. 몸은 이러한 변화를 알아챕니다. 피부에 찬 기운이 닿고 호흡하는 공기가 차가워지면, '신경'이라는 연락망을 통해서 주변 공기가 차가워진다는 소식을 뇌에 전하죠. 그러면 뇌는 여름이 지나고 가을이 온다는 것을 알게 돼요.

　그때부터 뇌는 좀 더 많은 열을 내기 위해 몸의 연락망을 움직입니다. 이때 연락하는 수단이 바로 호르몬이랍니다. 호르몬은 우리 몸의 연락병이라고 할 수 있어요. 뇌가 호르몬을 만들고, 혈액을 통해 세포로 보내서 몸 곳곳에 연락을 전하는 거예요. 세포는 호르몬의 연락에 따라 일하는 것이고요.

날씨가 추워진다고 판단한 뇌는 호르몬을 통해 온몸의 세포에 "불을 때라." 하고 명령합니다. 몸이 불을 땐다는 말은, 영양소를 분해하는 것을 의미해요. 영양소를 좀 더 많이 분해하면 날씨가 추워지더라도 체온이 내려가지 않죠. 체온이 일정하게 조절되는 것처럼 우리 몸은 상태를 일정하게 하려는 성질이 있는데, 이를 '항상성'이라고 합니다. 항상성에 대해서는 나중에 더 이야기해 줄게요.

몸이 영양소를 많이 분해하면 우리는 식욕을 더 많이 느낍니다. 더 많은 연료를 얻어야 에너지가 부족하지 않을 테니까요. 그래서 가을에 찬바람이 나기 시작하면 식욕이 좋아지는 거예요. 그럼 이제 생물의 특징을 하나 더 정리할 수 있겠네요.

> 생물은 자극에 반응하는 능력이 있다.

여기서 알 수 있는 사실은 몸이 자극에 반응하는 데 신경과 호르몬이라는 연락망이 중요한 역할을 한다는 거예요.

문득 식물도 자극에 반응하는지 궁금해진 친구가 있을 것 같네요. 창가에 식물을 두면 식물은 창 쪽을 향해서 굽어 자랍니다. 빛이 어느 쪽에서 오는지 식물은 분명히 알고 있는 거예요. 이렇듯 동물보다 느리긴 하지만, 식물도 자극에 반응한답니다.

 **살아 있는 것은 세포로 되어 있다**

17세기 영국의 유명한 과학자 로버트 훅은 자신이 만든 현미경을 이용해서 나무 껍데기로 된 코르크 조각을 관찰했어요. 훅은 현미경을 통해 코르크 조각이 조그만 방 같은 것으로 이뤄진 것을 보았습니다. 그는 자기가 발견한 것에 작은 방이라는 뜻으로 '세포'라는 이름을 붙였답니다.

그 뒤 독일의 식물학자 슐라이덴과 해부학자 슈반이 각각 식물과 동물의 몸이 세포로 구성되어 있다는 것을 밝혔고, 생물이 세포로 이루어졌다는 사실이 세상에 널리 알려졌어요. 생물의 몸은 눈에 보이지 않는 조그만 세포가 모여서 이루어져 있습니다. 갓난아

기의 몸에는 세포가 약 3조 개, 어른 몸에는 무려 60조 개 가량이 있다고 해요. 무척 많죠?

몸이 자라는 것은 세포가 분열하기 때문입니다. 세포가 계속 커지는 것이 아니라, 어느 정도 자란 세포가 분열해서 몸이 커지는 거예요. 정자와 난자가 수정해 수정란이 되었을 때는 한 개의 세포지만, 자꾸 분열해서 몸을 이루는 것이죠. 생각해 보세요. 하나의 세포가 두 개가 되고, 네 개가 되면서 점점 모양을 갖춰 가는 모습을요.

세포는 그저 분열하는 것이 아니라 아래 그림처럼 여러 가지 모양으로 변하면서 몸을 만들어 갑니다. 그래서 엄마 배 속에 있던 수정란이 열 달 뒤에는 예쁜 아기로 탄생하죠. 정말 기적 같은 일이 아닐 수 없죠? 세포 하나가 분열해서 약 3조 개의 세포가 되고, 그 세포들이 분열하면서 몸의 여러 부분을 만들어 내니까요.

세포가 분열하면서 우리 몸이 자라는 것은 동굴의 종유석이나 처마 밑의 고드름이 커지는 것과는 달라요. 종유석이나 고드름이 커지는 것은 단순히 물질의 분자 수가 많아지는 것이지, 세포가 분열하면서 자라는 것이 아니거든요.

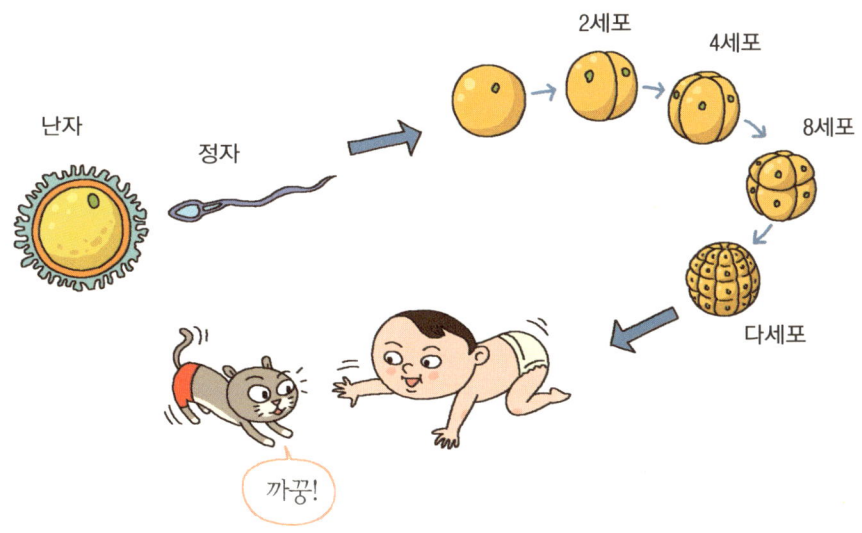

우리 몸은 대단히 복잡합니다. 여러분은 몸에 여러 기관이 있다는 것을 알고 있을 거예요. 사람 뿐 아니라 다른 생물의 몸 또한 그렇답니다. 물론 유글레나나 짚신벌레처럼 세포 하나로 이루어진 생물이 있긴 하지만, 생물의 몸은 대부분 세포 여러 개로 이루어져 있고, 대단히 복잡하면서도 정교하죠. 이제 생물을 죽은 것, 즉 무생물과 구분하는 특징을 하나 더 알았죠?

> **생물은 세포로 이루어져 있다.**

사실 세포는 대단히 복잡하답니다. 세포 안에서 일어나는 일 또한 복잡하지만, 나름의 질서를 갖고 있어요. 이렇게 생물체는 무생물보다 복잡한 몸을 가지고 있습니다. 이제 정리할 시간이 되었네요. 생물과 무생물을 구분하는 것은 좀 어렵지만, 다음처럼 네 가지 특징이 있다면 생물이라고 할 수 있어요.

> **❶ 물질대사를 한다. ❷ 자손을 낳는다.**
> **❸ 자극에 반응한다. ❹ 세포로 되어 있다.**

자, 그러면 맨 처음에 했던 질문을 다시 떠올려 보세요. 여우는 왜 생물인가요? 여우가 움직일 수 있기 때문인가요, 아니면 먹이를 먹어야 하기 때문인가요?

여우는 먹이를 먹어야 하기 때문에 생물이라고 할 수 있답니다. 먹이를 먹는다는 것은 물질대사를 한다는 말이니까요. 이제 왜 여우가 생물이냐고 물으면 자신만만하게 답할 수 있겠죠? 답을 아는 것보다 더 중요한 것은 그것이 왜 정답인지 설명할 줄 아는 힘이랍니다.

2 머리와 꼬리가 달린 정자도 세포일까?

세포의 구조와 기능

정자와 난자가 수정해야 아기가 태어난다고 했죠? 정자가 난자와 수정하려면 굉장히 먼 거리를 헤엄쳐 가야 합니다. 얼마나 먼 거리를 헤엄치느냐고요? 사람으로 치면 서울에서 부산까지 가는 거리 정도이니, 정자는 수백 킬로미터(km)를 헤엄치는 셈이랍니다. 그러니 정자는 훌륭한 수영 선수라고 할 수 있어요.

정자는 힘센 꼬리를 가지고 있습니다. 에너지를 공급해 주는 기관도 가지고 있고요. 머리는 헤엄치기 좋게 아주 자그마하고 타원형이에요. 정자는 현미경으로 보아도 잘 보이지 않을 만큼 작은 몸집을 갖고 있답니다. 체중이 많이 나가면 오랫동안 헤엄칠 수 없으니까요.

난자는 정자와 비교하면 크기가 훨씬 큽니다. 난자는 아기에게 줄 양분을 포함하고 있거든요. 사람의 난자는 눈에 잘 보이지 않지만, 그래도 정자보다는 크답니다.

생물의 난자 크기는 매우 다양합니다. 사람의 난자처럼 눈에 잘 보이지 않는 것도 있지만, 개구리 알이나 계란처럼 큰 것도 있죠. 그렇다면 다른 세포에서는 볼 수 없는 머리와 꼬리를 가진 정자도 세포일까요?

누가 나 좀 올려 줘!

? 머리와 꼬리가 달린 정자는 세포일까?

 **세포는 어떻게 생겼을까?**

정자가 세포인지 아닌지를 알려면 먼저 세포가 어떻게 생겼는지 알아야 하겠죠? 세포는 아주 작기 때문에 맨눈으로는 관찰하기 어려워요. 그래서 현미경으로 관찰합니다.

1590년에 네덜란드의 얀센이라는 사람이 현미경을 발명했어요. 얀센이 만든 현미경은 물체를 확대해서 보는 돋보기를 2개 겹쳐 놓은 정도로, 오늘날과 비교하면 아주 간단했답니다. 하지만 얀센이 현미경의 원리를 발견한 덕분에 우리는 평소에 볼 수 없던 것들을 눈으로 확인할 수 있게 되었죠. 현미경은 망원경보다 더 큰 놀라움을 안겨 주었어요. 사람의 눈으로 보지 못하던 작은 물체의 세계를 볼 수 있게 되었으니까요.

1600년대 영국에는 로버트 훅이라는 과학자가 있었습니다. 훅은 호기심이 아주 많아서 현미경으로 여러 가지 조그만 것들을 관찰했어요. 앞에서 훅이 나무껍질에 있는 코르크를 관찰하다가 세포를 발견했다고 했죠?

훅이 관찰한 것은, 살아 있는 세포는 아니었습니다. 그것은 바로 죽은 세포의 벽이었답니다. 하지만 훅의 발견은 생물이 세포로 이루어졌다는 것을 알아낸 놀라운 사건이었죠. 훅이 세포를 발견한 것은 호기심이 많았기 때문일 거예요. 호기심이 과학의 출발이라고 하잖아요. 여러분도 주위에서 일어나는 현상을 무심코 지나치지 말고 주의 깊게 살펴보세요. 어느 날 훅처럼 놀라운 발견을 할 수 있을지도 모르니까요.

훅이 세포를 발견한 뒤로 많은 과학자가 현미경으로 연구를 계속했습니다. 현미경이 발달할수록 사람들은 세포에 대해서 더 많이 알게 되었죠. 그래서 세포 연구는 현미경의 발달과 역사를 같이한다고 할 수 있답니다. 요즘에는 전자현미경으로 수만 배까지 확대된 모습을 볼 수 있어요. 사람들은 전자현미경을 통해 조그만 세포 안에 여러 가지 복잡한 기관이 있는 것을 알게 되었습니다. 그리고 그 기관들이 하는 일이 다르다는 것도 깨달았어요.

우리 몸은 세포로 이루어져 있습니다. 세포는 정말 조그만 방이에요. 하지만 세포가 조그맣다고 해서 얕보면 안 돼요. 그 안에서 복잡하고도 엄청난 일들이 일어나니까요. 세포에 대해 알면 알수록, 세포가 얼마나 많은 일을 해내는지 놀라게 될 거예요. 학자들도 아직 세포가 하는 일을 다 알지 못한답니다.

 **세포가 작아야 하는 이유**

그런데 세포는 왜 작아야 할까요? 세포가 작은 데는 아주 중요한 이유가 있어요. 세포가 살아가려면 산소와 영양소가 필요합니다. 세포에 산소와 영양소가 공급되어야 에너지가 생기거든요. 우리 몸에서 포도당이 분해될 때 에너지가 생긴다고 이야기했던 것, 기억나죠? 세포에 산소가 있어야 포도당으로부터 에너지를 잘 얻을 수 있어요.

산소는 우리가 숨을 쉴 때 허파로 들어옵니다. 허파로 들어온 산소는 혈액 속에 있는 적혈구를 타고 몸 구석구석으로 운반된답니다. 적혈구 안에는 헤모글로빈이라는 붉은 색소가 꽉 차 있는데, 이 헤모글로빈이 산소를 붙잡고 온몸으로 이동하는 거예요. 그러므로 적혈구가 산소를 운반하는 버스라면, 헤모글로빈은 산소가 앉는 의자라고 할 수 있답니다.

산소는 적혈구라는 버스를 타고 온몸을 신 나게 여행합니다. 이렇게 온몸으로 퍼져 나간 산소가 모세혈관에 도착하면 적혈구 버스에서 내려 밖으로 나와요. 그런 다음 산소는 혈액에 녹은 채로 모세혈관 밖으로 나가요. 그리고 모세혈관 근처에 있는 세포에 도착하게 되죠. 이제 산소는 세포로 들어갑니다. 그런데 다행히 세포의 크기가 아주 작아서 산소가 세포 가운데까지 가는 데 걸리는 시간이 짧아요. 만일 세포가 아주 크다면 어떨지 생각해 보세요. 산소가 세포 안쪽으로 가는 데 시간이 오래 걸릴 거예요. 산소가 오지 않으면 세포는 에너지가 떨어져서 일할 수 없을 테니, 세포의 크기가 작아서 다행이죠? 여기서 한 가지 질문을 해 볼게요. 부피가 같은 얼음덩이가 2개 있습니다. 하나는 잘게 부수고, 하나는 그대로 두었을 때 어느 쪽이 더 빨리 녹을까요?

정답은 잘게 부순 쪽이에요. 잘게 부수면 외부와 닿는 면적, 즉 표면적이 넓어집니다. 그러면 열이 전달되는 면적이 넓어져서 얼음이 더 빨리 녹는 거예요. 자, 그럼 커다란 세포 1개와 작은 세포 10개가 있다고 생각해 보세요. 이때 작은 세포 10개의 부피를 합하면 커다란 세포 1개와 부피가 같아요. 그러면 둘 중 어느 세포에 산소가 들어가는 속도가 더 빠를까요? 이번에는 자신 있게 대답할 수 있겠죠?

작은 세포 10개를 합한 것에 산소가 더 빨리 들어갈 거예요. 바로 표면적이 넓기 때문이죠. 산소뿐 아니라 혈액에 녹아서 운반되는 영양소도 세포가 작아야 빠르게 공급된답니다. 세포가 눈에 보이지 않

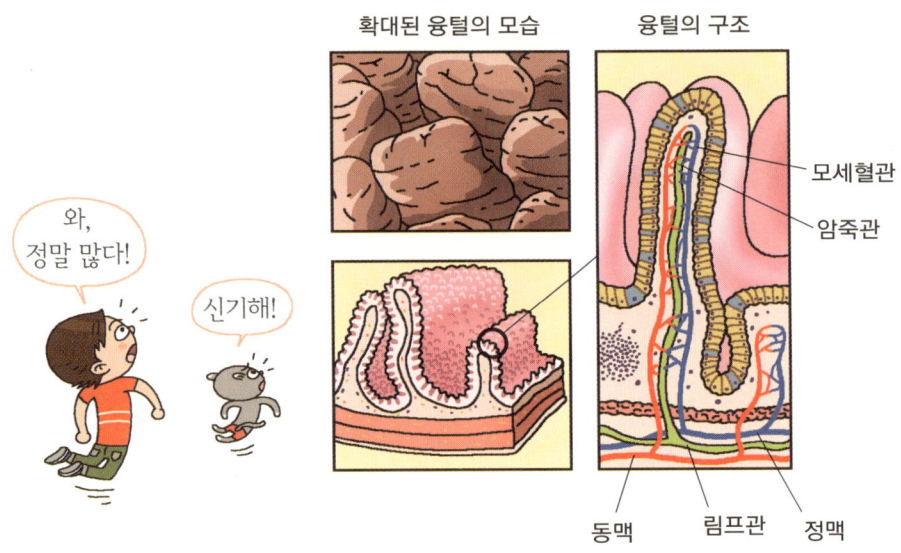

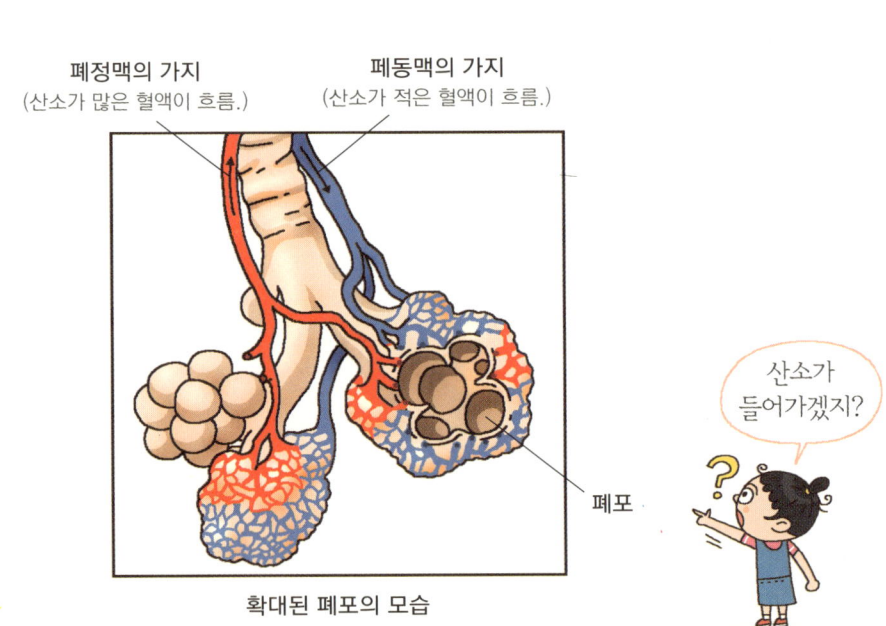

을 정도로 작은 이유는 바로 표면적을 넓히기 위해서예요. 왼쪽 그림은 소장의 융털과 폐를 이루는 폐포를 나타낸 거예요. 영양소나 산소를 잘 흡수하기 위해 소장에는 작고도 무수히 많은 융털이, 폐에는 폐포가 있는 것이랍니다.

우리 몸에는 아주 많은 세포가 있어요. 어른 몸에는 세포가 약 60조 개 있다고 알려졌습니다. 세계 인구가 약 68억이니, 우리에게는 그와 비교할 수 없을 만큼 많은 세포가 있는 거예요. 얼마나 많은지 잘 상상이 안 가죠?

세포에는 무엇이 들어 있을까?

세포는 아주 작지만 그 안에는 여러 가지 기관이 있습니다. 앞에서 이야기했듯이 전자현미경의 발명으로 세포 안에 여러 기관이 있다는 것이 알려졌어요. 세포의 모양은 여러 가지이지만, 세포라면 모두 갖고 있는 것들이 있답니다. 바로 '핵'과 '세포질' 그리고 '세포막'이에요.

핵은 세포의 중심이에요. 핵에서 명령이 나오기 때문이죠. 무엇

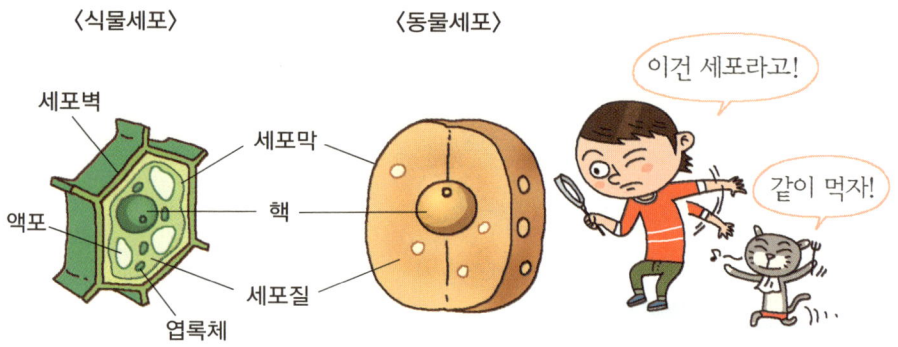

이 들어 있기에 핵이 세포의 중심 역할을 할까요?

핵 안에는 DNA라는 물질이 있는데, 이 DNA에는 유전자라는 정보가 들어 있습니다. DNA와 유전자의 관계는 이렇게 설명할 수 있어요. 요즘은 컴퓨터의 정보를 저장해서 옮길 때 USB를 많이 쓰죠? USB 메모리 안에 정보를 저장하는 부분을 DNA라고 한다면, 그 속에 담겨 있는 정보 혹은 파일은 유전자라고 할 수 있답니다. 또 책을 읽을 때는 글자가 모여서 문장이 되죠? 글자가 모여 있는 문장이 DNA라면, 유전자는 그 안에 담긴 의미라고 할 수 있어요.

핵 안의 DNA에는 많은 유전자가 있습니다. 그러나 모든 유전자가 다 활동하는 것은 아니에요. 마치 우리가 컴퓨터에 저장해 놓은 여러 파일 가운데 필요한 것만 열어서 쓰는 것처럼요. 세포가 에너지를 내려면 에너지를 내는 데 필요한 유전자가 활동을 하고, 세포가 무엇을 만들려고 하면 그것을 만드는 데 필요한 유전자만 활동하는 거예요. 그러면 무엇이 유전자에게 움직이라고 명령하는 걸까요?

세포에게 명령을 내리는 것은 바로 뇌랍니다. 유전자는 뇌에서 내리는 명령을 받아 일하기도 하고, 세포의 상태에 따라 스스로 일하기도 해요.

핵이 세포의 중심이라면 유전자의 명령에 따라 일하는 곳은 세포질입니다. 세포를 하나의 공장이라고 생각해 보세요. 공장으로 말하자면 세포질은 제품을 만들어 내는 기계와 발전 시설 등이 있는 곳이죠. 이때 유전자는 제품을 만들기 위한 설계도라고 할 수 있답니다.

세포질에는 여러 가지 기관이 있어요. 우선 세포질에는 '미토콘드리아'라는 긴 이름을 가진 기관이 들어 있습니다. 미토콘드리아는 44쪽 그림에서 보듯 굴곡이 많은 호두처럼 생겼어요. 우리가 밥을 먹으면 여러 장기를 거쳐서 미토콘드리아로 들어가고, 이곳에서 영양소가 분해되어 에너지를 내는 거예요.

그래서 미토콘드리아를 '세포의 발전소'라고 한답니다. 우리 몸에

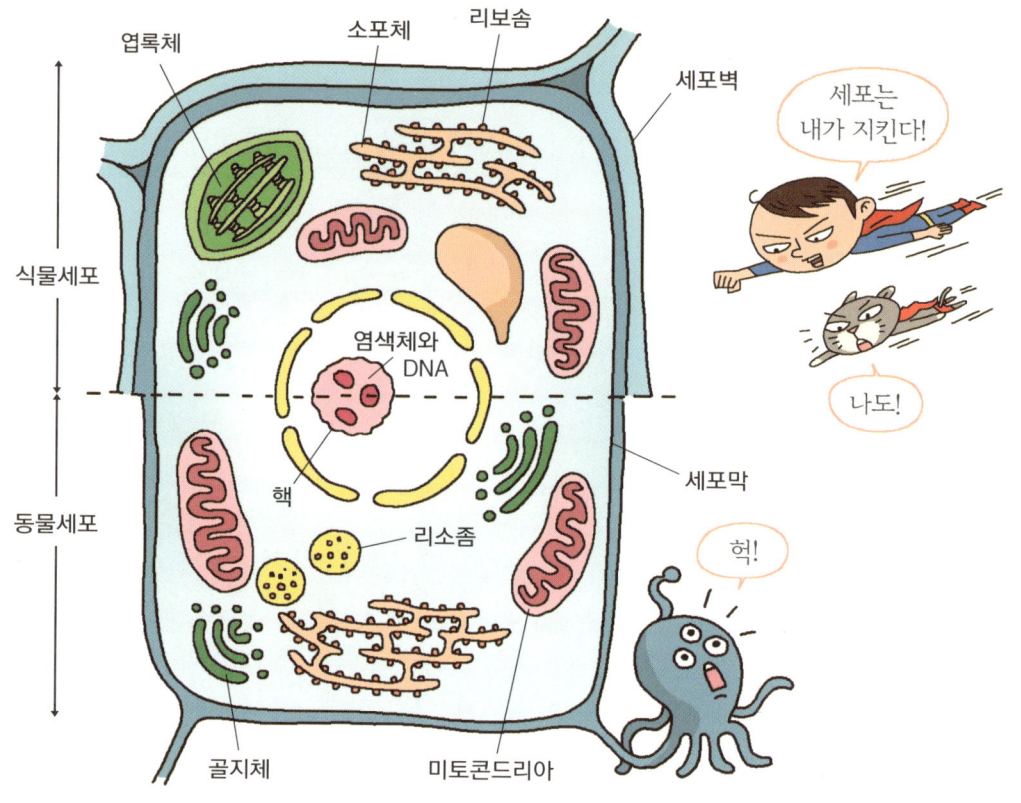

서 특히 미토콘드리아가 많은 세포가 있는데, 바로 에너지를 많이 이용하는 근육세포예요. 마라톤을 잘하려면 근육세포에 미토콘드리아가 많아야겠죠? 그래야 힘을 낼 수 있으니까요.

이 밖에도 세포질에는 단백질을 합성하는 '리보솜', 우리 몸에 필요 없는 물질을 분해해서 버리는 '리소좀', 세포의 단백질 이동 통로가 되는 '소포체', 세포가 만든 물질을 밖으로 내보낼 때 어디로 보내는지를 표시하는 '골지체' 등 여러 기관이 있어요. 이처럼 여러 기관이 서로 힘을 모아서 세포가 하나의 공장처럼 잘 가동되는 것이랍니다.

참, 동물세포와는 달리 식물세포에는 '세포벽'이라는 껍질이 있고, 안에는 '엽록체'라는 기관이 있습니다. 42쪽 그림을 한 번 보세요. 엽록체는 햇빛을 받아서 포도당을 만들어 내는 광합성 공장이죠. 포도당이 모여서 녹말이 된다는 것은 알고 있죠?

우리가 먹는 쌀밥이나 빵은 녹말이 주성분이에요. 식물이 포도당을 만든 뒤 저장하기 위해 포도당 분자를 길게 연결해서 녹말로 만든답니다. 포도당 분자의 구조는 보통 육각형으로 나타내는데, 포도당이 스프링 모양으로 죽 이어져 있는 것이 녹말이에요. 우리는 식물이 녹말로 저장해 놓은 포도당을 먹는 셈이죠.

지금까지 세포에 꼭 있는 세 가지 가운데 핵과 세포질에 대해 이야기했어요. 나머지 하나는 세포질을 감싸고 있는 세포막입니다. 왼쪽 그림에서 보듯이 세포막은 세포질의 울타리 역할을 해요. 세포막에는 여러 가지 문이 있어서 필요한 물질이 드나들 수 있죠. 그

중에는 세포가 필요한 물질을 빨아들이는 문도 있는데, 그것을 '펌프'라고 부릅니다. 또 세포막에는 외부의 신호를 받아들이는 초인종이 많답니다. 그 초인종에 외부 신호 물질이 달라붙으면 세포가 알아차리고 신호에 따라 일하는 거예요. 세포막은 정말 든든한 울타리죠?

 **세포의 모양은 여러 가지**

모든 세포는 핵, 세포질, 세포막을 갖고 있다는 공통점 있지만, 세포의 모양까지 모두 같은 것은 아니랍니다. 세포 모양이 여러 가지라는 것은 세포마다 주특기가 다르다는 것을 의미해요.

여러분은 TV에서 레슬링 선수나 농구 선수, 그리고 싸이클 선수를 본 적이 있을 거예요. 레슬링 선수는 상체의 근육이 아주 발달해 있고, 농구 선수는 키가 매우 큽니다. 그런가 하면 싸이클 선수는 굵은 허벅지를 가지고 있죠. 어떤 운동을 하느냐에 따라 선수들의 신체는 다르게 발달해요.

세포도 하는 일에 따라 모습이 다릅니다. 자, 예를 들어 볼게요.

우리의 뇌나 신경을 이루는 세포를 '신경세포'라고 하는데, 오른쪽 그림처럼 생겼답니다. 신경세포의 주특기는 무엇일까요? 바로 신호를 전달하는 거예요.

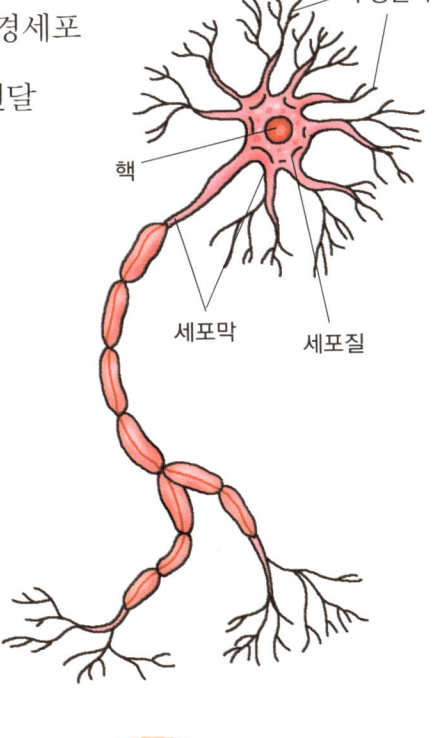

무언가 발에 닿았을 때 우리가 금방 알 수 있는 것은 기다란 신경세포를 통해서 뇌까지 신호가 갔기 때문이에요. 그래서 신경은 마치 전화선처럼 기다란 부분을 가지고 있답니다. 하지만 그림에서 보듯 핵도 있고, 세포질도 있고, 세포막도 있어요. 기다란 꼬리처럼 생긴 곳이 바로 세포질이 길게 늘어난 부분입니다. 물론 세포막이 그 부분도 감싸고 있죠.

그런가 하면 수축과 이완이 주특기인 근육세포도 길쭉한 모양이에요. 근육세포는 기다란 세포인데, 짧게 수축하는 성질이 있는 좀 특이한 세포라고 할 수 있어

요. 근육세포는 실처럼 길게 생겼다고 해서 '근섬유'라고도 합니다. 근육세포 안에는 세포에서 에너지를 내는 기관인 미토콘드리아가 많다고 했죠?

또 근육세포에는 '근원섬유'라고 하는 섬유 모양 단백질이 가득 차 있어서 수축이 아주 잘 됩니다. 근육세포에서 세포질은 어디일까요? 위 그림에서 근원섬유가 꽉 차 있는 부분이 사실상 세포질입니다. 여러 개의 세포가 이어진 세포질에 기다란 근원섬유가 발달해 있는 것이죠. 근육세포는 원래 하나의 세포가 아니에요. 아기가 엄마 배 속에서 생겨날 때 세포 여러 개가 합쳐져서 하나의 근육세포가 된답니다. 그래서 근육 세포는 길고, 핵을 여러 개 가지고 있어요.

그런가 하면 혈액에 들어 있는 적혈구나 백혈구도 세포랍니다. 앞에서 말했듯이 적혈구는 산소를 운반해요. 적혈구는 헤모글로빈으로 가득 차 있는 대신 핵이 없습니다. 그래서 적혈구의 수명은 120일 정도로 다른 세포에 비해 짧아요. 물론 늘 병균과 싸워야 해

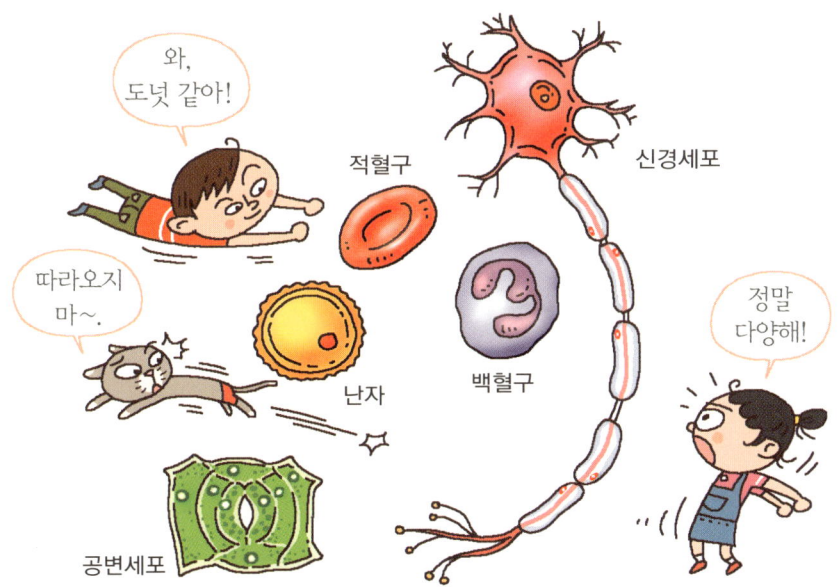

서 수명이 20일 정도밖에 되지 않는 백혈구보다는 더 길지만 말예요.

적혈구는 혈관에서 잘 흘러갈 수 있게 둥근 도넛 모양으로 생겼습니다. 또 백혈구는 병균을 잡아먹으며 자유롭게 기어 다닐 수 있도록 모양이 자유롭게 변할 수 있답니다. 길게 늘어날 수도 있고, 둥그런 모습으로 변할 수도 있죠. 그 밖에도 소화효소나 호르몬을 분비하는 세포, 빛을 받아들이는 세포, 소리를 받아들이는 세포 등 우리 몸에는 여러 가지 세포들이 있고, 각기 모양새가 달라요.

 정자는 과연 세포일까?

지금까지 우리는 여러 가지 세포의 특징을 알아봤어요. 자, 그러면 정자가 세포인지 아닌지 알기 위해 우선 정자의 모습을 살펴볼까요? 정자는 오른쪽 그림과 같이 조그마한 머리와 기다란 꼬리로 이루어져 있습니다. 우리가 알고 있는 세포의 모습과는 아주 다른 정자도 세포일까요?

세포라면 세포막, 핵, 세포질 이렇게 세 가지를 모두 가지고 있다고 했었지요. 모양은 특이하지만 정자도 이 세 가지를 모두 가지고 있답니다. 정자의 구조를 보면 머리에 핵이 들어 있어요. 앞에서 이야기하였듯이 핵에는 유전자가 들어 있습니다.

정자가 난자에게 가는 이유는 바로 아빠의 유전자를 난자에게 전해 주기 위해서입니다. 그리고 정자의 머리는 세포막으로 둘러싸여 있죠. 정자는 멀리까지 헤엄쳐야 하기 때문에 세포질의 양이 아주 적습니다. 다이어트를 했다고나 할까요? 정자가 처음 생겨날 때는

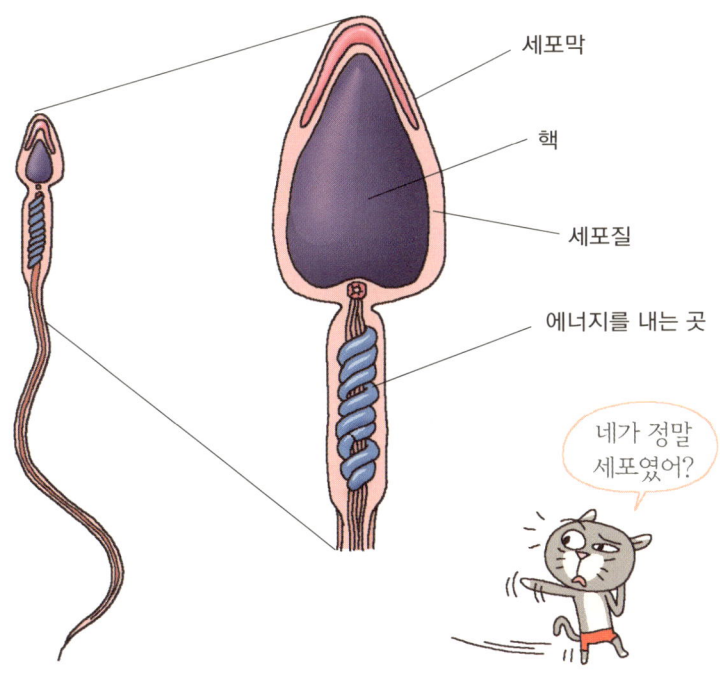

둥그런 모양이지만, 시간이 지나면 점점 변해서 작은 머리와 긴 꼬리를 가진 모습이 된답니다. 그래도 핵, 세포막, 세포질이 있으니 정자는 세포입니다. 정자는 우리 몸에서 생식, 그러니까 번식을 담당하는 세포라 하여 '생식세포'라고 불려요.

반면 난자는 꼬리가 없고, 정자보다 크기가 크답니다. 그 이유는 많은 영양소를 가지고 있기 때문이에요. 닭의 난자, 즉 계란에는 병아리가 자라는 데 필요한 양분이 다 들어 있답니다. 그러니 난자가 클 수밖에 없지요. 하지만 사람의 난자는 눈에 보이지 않을 정도로 작습니다. 정자와 난자가 수정되면 엄마가 영양분을 공급해 주기 때문이죠. 그리고 보니 엄마는 우리가 태어나기 전부터 우리에게 밥을 먹여 주신 거네요. 엄마는 정말 고마운 분이죠?

지금까지 우리는 정자의 구조를 살펴보면서 세포에 대해 알아 보았습니다. 여러분도 '생명의 신비'라는 말을 들어 보았을 거예요. 하나의 세포 안에서는 아주 많은 일들이 일어날 뿐 아니라, 그 수많은 일들이 질서 정연하게 일어납니다. 세포 하나하나가 서로 힘을 합해 일할 때 신비로운 생명 현상이 나타나는 것이랍니다. 마치 하나의 우주처럼 말이에요. 그런데 우리 몸을 이루는 세포는, 바로 이런 세포 가운데 하나인 정자와 난자의 수정란이 분열해서 생겨난답니다. 이게 무슨 말이냐면, 결국 세포는 세포로부터 생겨난다는 것이지요. 어때요, 세포의 세계는 놀랍고도 신비롭지 않나요?

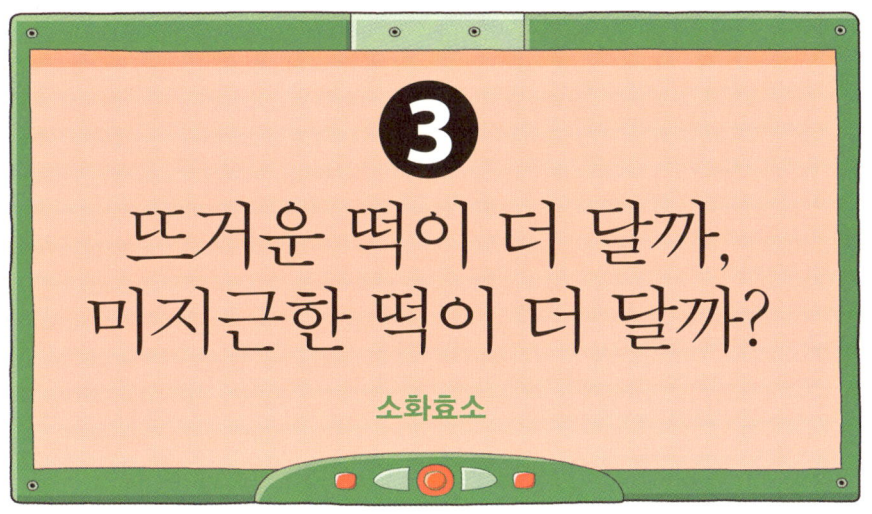

3
뜨거운 떡이 더 달까, 미지근한 떡이 더 달까?

소화효소

 떡은 우리나라의 고유한 음식이에요. 서양에 과자나 피자 등이 있다면 우리나라에는 떡이 있죠. 설날이면 가래떡을 썰어 넣은 떡국을 먹고, 추석이면 깨나 콩 등을 넣은 송편을 쪄 먹어요. 또 옛부터 결혼이나 백일잔치처럼 어느 집에 기념할 만한 행사가 있을 때면, 떡을 만들어서 이웃과 나누어 먹곤 했답니다. 그런가 하면 인절미, 시루떡, 절편 등 떡에는 종류도 참 많아요.

 떡을 입에 넣고 씹으면 단맛이 나죠. 바로 떡의 주성분인 녹말이 엿당으로 분해되기 때문이에요. 침에는 '아밀라아제'라는 소화효소가 들어 있습니다. 아밀라아제는 '아밀레이스'라고도 하는데, 녹말을 엿당으로 분해하는 효소예요. 그래서 녹말이 많은 음식물을 먹으면 단맛을 느끼게 된답니다. 녹말을 먹으면 처음에는 단맛을 거의 느낄 수 없어요. 하지만 잠시 뒤면 침 속의 아밀라아제가 녹말을 분해해서 엿당을 만들어요. 엿당은 물에 녹기 때문에 입에서 단맛이 나는 것이랍니다.

그렇다면 60~70℃의 뜨거운 떡과 미지근한 떡을 먹을 때, 어느 쪽이 더 달게 느껴질까요?

뜨거운 떡과 미지근한 떡 가운데 어느 것을 먹을 때 더 달게 느껴질까?

칫, 난 언제 줄거야?

영양소가 소화되면 어떻게 변할까?

여러분은 삼겹살을 좋아하나요? 삼겹살은 우리나라 사람이 가장 좋아하는 고기 부위 중 하나라고 해요. 그런데 삼겹살은 어떤 영양소로 이루어져 있을까요? 삼겹살은 대부분 단백질과 지방으로 이루어져 있습니다. 삼겹살에서 하얀 부분은 주로 지방이고, 불그스름한 곳은 단백질이에요. 고기가 불그스름한 것은 '미오글로빈'이라는 색소가 붉은색을 띠기 때문이랍니다. 미오글로빈이 하는 일은 적혈구가 가져온 산소를 임시 보관하는 거예요. 적혈구에 들어 있는 헤모글로빈의 사촌쯤 되는 물질이라고 생각하면 이해하기 쉬울 거예요. 미오글로빈이 보관하는 산소는 우리가 운동할 때 사용하게 된답니다.

삼겹살을 먹으면 소화작용이 일어납니다. '소화'란 무엇일까요? 우리가 먹은 음식물을 소화관에서 흡수할 수 있도록 잘게 자르는 일이죠. 그렇다면 얼마나 잘게 잘라야 할까요?

소화된 음식물이 흡수되려면 소장 벽을 이루는 세포들의 막을 통과해야 해요. 세포막에는 여러 가지 영양소가 지나갈 수 있는 작은 문들이 있다고 했죠? 영양소들이 세포막의 문을 지나갈 정도로 작아져야 하니, 소화 과정에서 음식물이 얼마나 잘게 잘리는지 짐작이 갈 거예요.

여러분은 광합성을 하면 녹말이 생긴다는 것을 알고 있을 것입니다. 광합성을 하면 먼저 '포도당'이라는 작은 분자가 생겨요. 식물이 바로 이 포도당을 저장하기 위해 포도당 분자를 이어서 녹말로 만든다고 했어요.

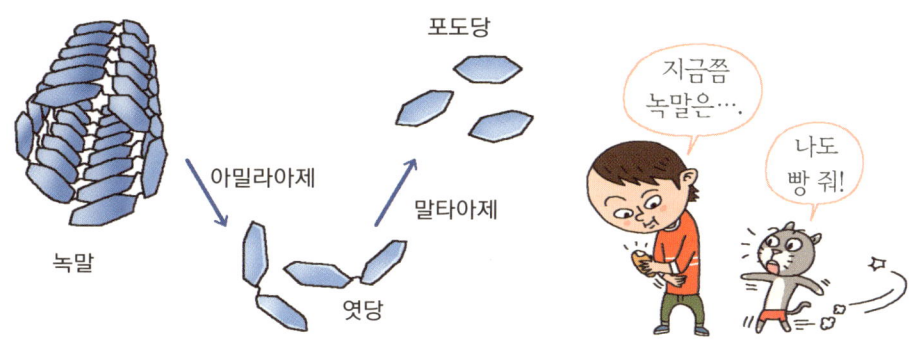

우리가 쌀밥이나 떡을 먹으면 그 안에 있는 녹말이 소화됩니다. 녹말이 완전히 소화되면 포도당이 생겨요. 즉, 포도당과 포도당 사이의 결합이 끊어져서 녹말이 포도당으로 분해되는 거예요. 소장 벽을 이루는 세포막의 문은 포도당을 통과시키지만, 녹말은 통과시키지 못한답니다. 이렇게 소화관의 세포막에 있는 문은 아주 작아요. 그럼 주로 단백질과 지방으로 이루어진 삼겹살이 소화되면 어떤 물질이 생길까요?

단백질은 '아미노산'이라는 작은 분자들이 모인 커다란 영양소입니다. 그래서 단백질이 완전히 소화되면 아미노산이 생겨나죠. 아미노산은 소화관 벽에서 흡수될 수 있을 정도로 작답니다. 지방은 '지방산'과 '글리세롤'로 되어 있어요. 지방이 소화되면 당연히 지방산과 글리세롤이 생기고요. 그러니 삼겹살을 먹고 소화가 되면 주로 아미노산과 지방산, 글리세롤이 생기겠죠? 단백질과 지방을 많이 포함하고 있는 쇠고기도 마찬가지예요.

 **단백질의 종류는 얼마나 많을까?**

그런데 돼지고기와 쇠고기 모두 단백질과 지방으로 되어 있고, 소화된 뒤에 아미노산, 지방산, 글리세롤로 분해된다면, 무엇이 다른 걸까요?

다른 점은 바로 아미노산과 지방산의 종류에 있답니다. 단백질을 이루는 아미노산에는 20가지 종류가 있어요. 그리고 단백질의 종류는 어떤 아미노산이 어떤 순서로 이어져 있는지에 따라 정해집니다. 숫자를 예로 들어 볼게요. 여기 숫자 1, 2, 3이 있습니다. 이 숫자들을 배열하는 방법에는 몇 가지가 있을까요?

1-2-3, 또는 3-2-1 이렇게 순서를 바꾸어 보면 6가지 방법으로 배열할 수 있습니다. 그럼 이번에는 한 번 쓴 숫자를 다시 쓸 수 있다고 생각해 보세요. 1-1-1도 좋고, 1-2-2도 좋아요. 이런 방법으로 세 숫자를 이용할 때 몇 가지 배열을 만들 수 있을까요?

정답은 27가지랍니다. 여러분이 스스로 한 번 해 보세요. 3가지 숫자를 배열하는 것만으로도 많은 배열 방법이 있죠? 그러면 20가지 아미노산으로 단백질을 만드는 방법은 몇 가지일까요? 물론 단백질을 이루는 아미노산의 개수에는 제한이 없답니다. 아미노산 수십 개가 이어져서 하나의 단백질이 될 수도 있고, 수백 개가 이어져서 하나의 단백질이 될 수도 있어요. 자, 그렇다면 정답은?

바로 '무수히 많다.'예요. 단백질이 무수히 많기 때문에 수많은 종류의 생물이 저마다 독특한 단백질을 가지고 있습니다. 사람도 자신만의 단백질을 가지고 있고요. 돼지고기의 단백질과 쇠고기의 단백질도 다르답니다. 물론 소고기와 돼지고기에 같은 단백질이 들어 있을 수도 있지만, 포함하고 있는 전체 단백질의 종류에 차이가 있는 것은 분명해요. 그러나 녹말을 이루는 포도당의 종류는 한 가지랍니다. 그래서 보리나 쌀, 밀에 있는 녹말 모두 소화되면 포도당이 생겨요.

소화효소는 영양소를 잘게 자르는 가위

소화기관에서 음식물을 잘게 자르는 방법에는 무엇이 있을까요? 우선 이로 잘게 씹는 것이 첫 번째 할 일입니다. 이로 잘게 씹을수록 위나 소장이 음식물을 소화시키기에 편해지죠. 그런데 아무리 씹어도 녹말이 포도당이 되거나, 단백질이 아미노산으로 변할 수는 없답니다. 그럼 무엇이 커다란 영양소를 잘게 자를까요? 바로 '소화효소'예요. 소화기에서 효소가 나와 커다란 영양소를 잘게 잘라 주는 거예요.

쌀밥을 그릇에 퍼 놓고 가만히 두면 하루가 지나도 큰 변화가 없을 거예요. 그러나 우리가 쌀밥을 먹으면 몇 시간 안에 분해됩니다. 만일 밥을 먹었는데 소화관에 소화효소가 없다면 어떻게 될까요? 녹말이 분해되지 못하고, 밥이 소화관 벽에서 흡수되지 않은 채

그대로 소화관을 통과할 것입니다. 그러면 우리는 영양실조에 걸리고 말겠죠. 소화기에 소화효소가 있는 것이 정말 다행이죠? 이로 음식물을 잘게 씹어 놓으면, 입이나 소화관에서 효소가 나와서 커다란 영양소를 잘게 잘라 주니까요.

우리 몸은 입에서 항문까지가 하나의 관으로 이루어져 있습니다. 음식물이 입으로 들어와서 기다란 관을 지날 때 신기하게도 영양소를 잘게 자르는 가위, 즉 소화효소가 나오죠. 소화효소는 영양소의 종류에 따라 다르답니다. 녹말은 아밀라아제가, 단백질은 펩신과 트립신이, 지방은 리파아제가 분해합니다. 이렇게 효소마다 분해하는 영양소가 정해져 있어요.

침에서는 아밀라아제가 나오고, 위에서는 펩신이 나옵니다. 그런가 하면 이자에서는 아밀라아제와 트립신, 리파아제 등이 나오고, 소장에서는 펩티다아제라는 소화효소가 나와요. 소장에서 나오는 펩티다아제는 펩신이나 트립신이 잘라 놓은 단백질을 완전히 소화시키는 효소예요. 우리가 음식을 먹으면 소화관에서는 이렇게 많은 소화효소가 신이 나서 일을 한답니다. 그래서 커다란 영양소들을 작게 자르고 흡수할 수 있는 거예요.

 **소화효소가 좋아하는 온도**

그런데 우리의 일꾼 소화효소는 열에 약한 특성이 있습니다. 열을 받으면 모양이 뒤틀리거든요. 생각해 보세요. 날이 틀어진 가위로는 무엇을 자르기가 어렵겠죠? 뜨거운 국물을 먹으면 소화효소들이 입속에서 아우성칠 거예요. 그렇다고 맛있는 국을 안 먹을 수는 없으니, 뜨거운 국물은 조금씩 떠먹는 게 좋아요. 그러면 입에서 식고, 식도에서 좀 더 식어서 소화효소에 영향을 덜 미치거든요.

효소는 왜 이렇게 열에 약한 걸까요? 바로 단백질로 이루어졌기 때문이에요. 우리가 흔히 볼 수 있는 계란 흰자도 단백질로 이루어져 있어요. 프라이팬에 계란을 깨뜨려 넣고 조금만 가열하면 흰자가 하얗게 변하는 것을 볼 수 있죠? 흰자의 단백질이 변형돼서 다른 빛은 흡수하고 하얀빛만 반사하기 때문입니다. 열 때문에 하얗게 변한 계란 흰자는 식더라도 원래 모습으로 돌아가지 못해요. 효소도 마찬가지랍니다. 열에 의해 변형되면 다시는 기능이 돌아오지 않아요.

또한 효소는 낮은 온도에도 약해요. 온도가 낮으면 움직임이 느려져서 일을 제대로 못하죠. 온도가 낮을 때 효소가 변형되지는 않지만, 분자운동이 느려지거든요. 예를 들어 볼까요? 차가운 곳에서 겨울잠을 자던 개구리는 잠에서 깨어나도 잘 움직이지 못합니다. 효소가 일을 못하면 몸에서 힘이 나지 않거든요. 하지만 개구리를 따뜻한 곳에 놓아두면 움직이기 시작하죠.

또 다른 예를 들어 볼게요. 위 그림처럼 시험관에 침과 녹말 용액을 넣은 다음, 시험관을 얼음물에 꽂아 두면 침이 녹말을 잘 분해하지 못해요. 하지만 시험관을 얼음물에서 꺼내 놓으면 온도가 올라가면서 침 속의 아밀라아제가 녹말을 분해하기 시작한답니다.

옛말에 '고기 먹고 찬물 먹으면 뱃속에 벌레 생긴다.'라는 말이 있어요. 고기는 주로 위에서 소화되는데, 고기를 먹고 찬물을 마시면 소화가 잘 안 돼서 배탈이 날 수 있거든요. 조상님들의 말씀이 참 지혜롭죠? 음식점에서 고기를 먹은 뒤에 냉면을 먹는 사람들이 많은데, 그럴 때 찬 냉면 국물을 한꺼번에 많이 마시는 것은 소화에 좋지 않아요. 뜨거운 국을 먹을 때처럼 조금씩 마시는 것이 좋답니다. 아, 여러분은 고기를 먹고 아이스크림을 먹는다고요? 그것도 별로 좋은 습관은 아닌 것 같네요.

자, 그럼 이제까지 배운 소화효소의 성질을 떠올리며 답해 보세요. 뜨거운 떡을 씹을 때가 더 달까요, 미지근한 떡을 먹을 때가 더 달까요? 이제 자신 있게 답할 수 있겠죠?

바로 미지근한 떡을 씹을 때가 더 달아요. 침에 들어 있는 아밀라아제의 모양은 60~70℃ 정도에 틀어지거든요. 아밀라아제는 우리의 체온과 비슷한 온도에서 가장 신 나게 일한답니다. 아밀라아제는 녹말을 엿당으로 분해하는 효소라고 했어요. 엿당은 59쪽 그림처럼 포도당이 2개 붙어 있는 것인데, 단맛이 납니다. 엿이 단 것은 엿당으로 이루어져 있기 때문이죠. 그런데 뜨거운 떡을 먹으면 아밀라아제가 틀어져서 녹말을 엿당으로 분해하는 속도가 떨어져요. 그래서 뜨거운 떡을 먹으면 단맛이 덜 느껴지는 것이랍니다. 어때요, 여러분이 떠올린 답과 같았나요?

음식물을 살균하는 위

우리가 음식물을 삼키면 음식물은 일단 위로 들어갑니다. 만일 위가 없다면, 우리는 하루에 세끼가 아니라 여러 번 밥을 먹어야 할 거예요. 야생하는 동물들은 사람보다 더 여러 번 먹이를 먹어야 할 테고요. 먹이를 먹을 때는 주위를 살피기 어려워서 다른 동물로부터 공격을 당하기 쉬울 테니까요. 그러므로 안전한 장소에서 먹이를 충분히 먹어서 일단 위에 담아 두는 거예요.

위의 역할 중 하나는 음식물을 살균하는 거예요. 음식물이 위로 들어오면 위벽에서 염산이 나와요. 염산은 위액에 섞여 나오는데, 위액은 보통 하루에 2리터(L)정도 나온답니다. 위액에 섞여 나오는 염산은 세균을 죽일 만큼 강한 산성 물질입니다. 만일 위에서 음식물 속 세균을 없애지 않으면 어떻게 될까요? 소화관 안에서 음식물이 상할 것이고, 건강에도 해로울 거예요.

위에서 저렇게 강한 염산이 분비되면 우리 몸이 상하지 않을까 걱정이 된다고요? 하지만 음식물을 살균하지 않으면 건강을 지킬 수가 없으니까 강산이 분비되는 거예요. 위에서 나온 강산은 이자에서 나오는 이자액으로 중화되니까 걱정하지 않아도 된답니다.

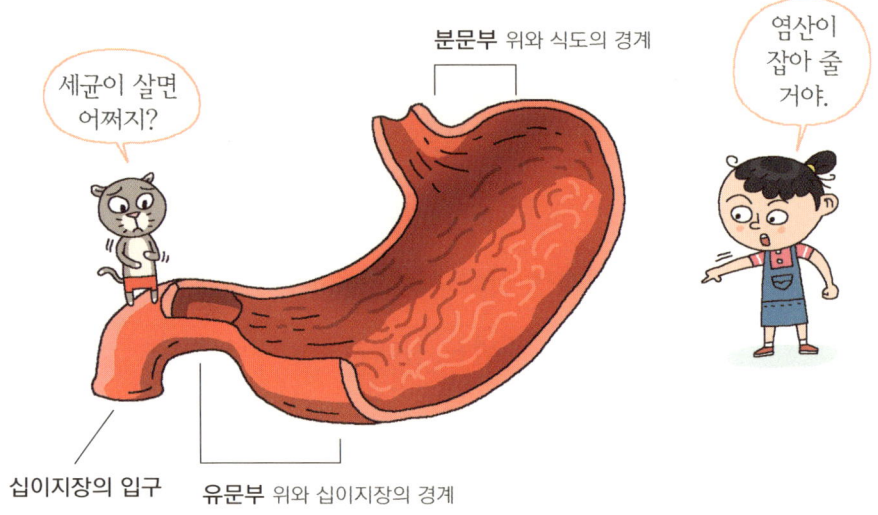

그런데 놀랍게도 위에서 사는 세균이 있어요. 이 세균은 위벽의 점막에 붙어서 사는데, '헬리코박터 파일로리'라고 하는 균이에요. 염산 때문에 위에서는 세균이 살 수 없다고 알려져 왔는데, 놀랍게도 세균이 발견된 것이죠. 이 세균에는 마치 발처럼 뻗어 나온 돌기가 있어서, 그것으로 위의 점막에 자리를 잡고 살아요. 이 세균이 위에 염증을 일으키고, 위암을 일으키기도 한다는 주장도 있습니다.

그런데 세균을 죽일 정도로 강한 산성을 띠는 염산이 나오는 위에서 효소는 어떻게 일할 수 있는 걸까요?

다행히 위에서 나오는 소화효소인 펩신은 주변 환경이 산성일 때 더 활발하게 활동한답니다. 그러나 입에서 나왔던 아밀라아제는 위에서는 일할 수 없어요. 아밀라아제는 산성 물질과 닿으면 원래 성질을 유지하지 못하거든요. 이렇게 소화효소는 역할에 따라 일할 수 있는 조건이 다릅니다.

 **쓸개즙은 효소가 아니다**

간에서 만들어져서 쓸개에 저장되는 쓸개즙은 지방의 소화를 도와요. 그런데 쓸개즙은 소화효소가 아니랍니다. 소화효소는 단백질로 되어 있고 분자 사이의 결합을 끊어 내는데, 쓸개즙은 단백질도 아니고 분자 사이의 결합을 끊지도 못하거든요. 그럼 쓸개즙은 어떻게 지방의 소화를 도울까요?

쓸개즙은 지방 덩어리를 잘게 떼어 내는 역할을 한답니다. 쓸개즙의 성질은 비누와 비슷해요. 비누 분자는, 머리 쪽은 지방을 좋아하고 꼬리 쪽은 물을 좋아하는 구조로 되어 있어요. 꼬리 쪽은 지방에 붙고, 머리 쪽은 물로 향해서 지방 덩어리를 떼어 내는 효과가 있죠. 이것이 바로 몸을 씻을 때나 빨래를 할 때 비누를 이용하는 원

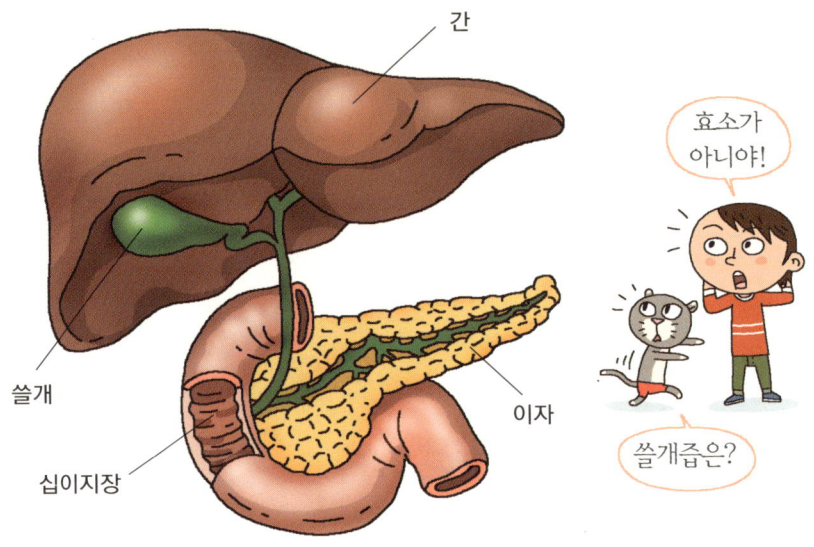

리예요. 쓸개즙 분자도 비누처럼 물을 좋아하는 부분과 지방을 좋아하는 부분이 있습니다. 그래서 지방 덩어리를 작게 뜯어내는 성질이 있어요. 지방이 작은 덩어리로 나누어지면 효소가 더 쉽게 작용할 수 있겠죠?

쓸개즙은 쓸개가 아니라 간이 만든다고 했어요. 간이 적혈구를 분해해서 만든 '빌리루빈'이라는 물질이 쓸개즙의 성분이 된답니다. 쓸개는 간이 만든 쓸개즙을 임시로 저장했다가, 지방 성분이 들어오면 십이지장으로 쓸개즙을 내보내는 주머니예요. 가끔 쓸개에 돌멩이가 생기거나 암이 생겨서 쓸개를 떼어 내는 사람들도 있는데,

그런 환자들은 기름진 음식을 피해야 합니다.

우리말에 '쓸개가 빠졌다.'라는 표현이 있어요. 실없는 소리를 하거나 자존심 없이 행동하는 사람을 보고 이런 말을 하죠. 또 쓸개를 한자로 '담(膽)'이라고 하는데 '담력'이라는 말도 써요. 담력이 있다는 말은 용기가 있다는 뜻이에요. 또 우리가 놀랐을 때 '간이 콩알만 해졌다.' 혹은 '간 떨어질 뻔했다.'라는 표현도 쓰죠? 옛날 조상님들은 쓸개와 간을 용기의 상징으로 보았답니다.

단백질 소화효소가 우리 몸도 분해한다면?

단백질을 분해하는 효소는 소화관으로 나올 때 자물쇠를 잠그고 나옵니다. 이게 무슨 말이냐고요? 소화효소는 '위험한 가위'예요. 왜냐하면 자신을 소화시킬 수 있기 때문이죠. 생각해 보세요. 소화효소를 만들어 내는 세포에는 단백질이 많이 있어요. 효소가 이들을 분해한다면 세포가 온전하지 못하겠죠? 그래서 소화효소를 위험한 가위에 비유한 거예요.

음식물이 소화관에 도착하면, 소화효소들은 소화관에서 분비되고 나서야 비로소 자물쇠를 풀게 된답니다. 소화관에는 소화효소의 자물쇠를 풀어 주는 물질이 있어요. 예를 들어 위에서 분비되는 단백질 소화효소인 펩신은 원래 '펩시노겐'이라는 상태로 나와요. 펩시노겐의 자물쇠를 열어 주는 것은 염산이죠. 그런가 하면 소화관의 내벽에서는 점액이 분비돼요. 점액은 소화효소 때문에 위 내벽이 상하는 것을 막아 주죠. 그래서 단백질 소화효소들이 마음 놓고 활동할 수 있답니다.

 **소장 벽에 붙어 있는 소화효소**

    소장에서 분비되는 소화효소들은 대부분 소장 벽에 붙은 채로 활동합니다. 소장에서 나온 효소가 음식물을 따라 그대로 내려간다면, 소장이 무척 많은 소화효소를 분비해야 소화 기능이 유지될 거예요. 하지만 소화효소들이 소장에 붙어 있기 때문에 소화작용이 잘 이루어질 수 있답니다.
    이러한 우리 몸의 구조를 이용한 장치도 있어요. 73쪽 그림과 같은 장치를 '바이오리액터'라고 하는데, 용기의 벽에 효소를 붙여 놓

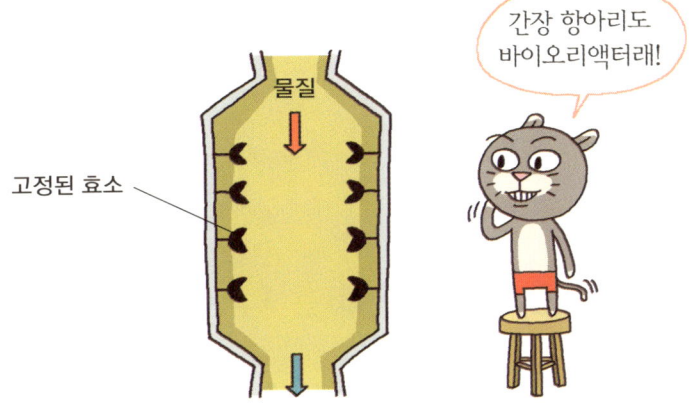

고 물질을 통과시키면 아래쪽에 생성물이 생깁니다. 바이오리액터를 통하면 세균이나 효모 등으로 화학물질을 만들 수 있어서 매연이나 소음이 생기지 않고, 에너지도 절약할 수 있답니다.

한편 소장의 벽은 굴곡이 아주 심해요. 융털 같은 돌기가 무수히 많이 나 있죠. 그 돌기의 길이는 1밀리미터(mm) 정도예요. 그래서 소장의 내벽은 대단히 넓어요. 또 소장 내벽을 이루는 세포의 막에는 '미세융모'라는 돌기가 아주 많이 나 있답니다. 40쪽 그림을 한 번 확인해 보세요. 세포 하나에 1,700개 정도의 돌기가 있다고 하니 소장의 표면적이 얼마나 넓을지 짐작이 갈 거예요.

그곳에 바로 우리의 일꾼, 소화효소들이 박혀 있습니다. 그래서 소장의 내벽에는 아주 많은 효소가 있어요. 또한 소장은 표면적이 넓어서 음식물을 흡수하기에도 좋고요. 우리 몸이 얼마나 정밀하게 이루어져 있는지 알 수 있겠죠?

 **사람에게 셀룰로오스를 자르는 효소는 없다**

셀룰로오스는 식물 세포벽의 주성분입니다. 그리고 식물 줄기의 기다란 섬유 세포를 이루는 주성분이기도 해요. 채소를 먹으면 셀룰로오스도 같이 먹게 되죠. 우리가 쓰는 종이도 셀룰로오스로 이루어졌어요. 면으로 만들어진 옷감의 주성분 역시 셀룰로오스입니다.

셀룰로오스는 녹말처럼 포도당으로 되어 있지만, 사람의 몸에서는 소화가 되지 않아요. 결합하고 있는 포도당의 구조가 녹말과는 약간 다르거든요. 하지만 초식동물은 소화관에 있는 미생물이 셀룰로오스를 분해해서 소화시킬 수 있습니다. 초식동물의 소화관에는 미생물이 많이 들어 있는데, 그 미생물은 번식이 아주 빨라요. 초식동물은 그 미생물을 소화시켜서 영양소를 섭취하기 때문에 고기를 먹지 않아도 잘 살아갈 수 있는 거예요.

어쨌거나 사람은 셀룰로오스를 소화시키지 못합니다. 그것을 분해할 수 있는 효소가 없거든요. 셀룰로오스는 에너지를 많이 가지고 있는 물질이에요. 어떻게 알 수 있느냐고요? 종이의 주성분은 셀룰로오스입니다. 종이를 태우면 열이 나죠? 바로 셀룰로오스가 에너지를 가지고 있기 때문입니다. 우리가 셀룰로오스를 소화시켜서 에너지를 얻을 수 있다면 얼마나 좋을까요? 그렇다면 지구의 식량난이 훨씬 줄어들지도 몰라요.

 **소화효소를 분비하지 않는 대장**

우리의 일꾼 소화효소는 소장까지만 분비됩니다. 소화된 영양소도 소장에서 흡수되고요. 이야기했듯이 소장에는 많은 융털이 있어서 소장은 표면적이 아주 넓고, 길이가 수 미터(m)에 이릅니다. 그래서 영양소가 이동하는 동안 충분히 흡수될 수 있는 거예요. 소화된 영양소는 융털의 모세혈관이나 암죽관으로 들어가고, 그런 뒤에 온몸으로 옮겨져서 쓰이게 되죠.

물에 녹는 영양소는 모세혈관으로 흡수돼요. 포도당이나 아미노산 등 영양소는 대부분 물에 녹는답니다. 하지만 지방산처럼 기름에만 녹는 영양소가 있어요. 이런 영양소는 암죽관으로 흡수되죠.

　소장에서 소화된 영양소가 흡수되고 나면 찌꺼기는 대장으로 넘어옵니다. 대장에서는 소화효소가 분비되지 않아요. 그럼 대장은 소화에서 어떤 역할을 하냐고요? 대장은 소화되고 남은 찌꺼기로부터 물을 흡수하죠. 물론 소장에서도 물을 흡수합니다. 흔히 대장에서만 물을 흡수하는 것으로 오해하기도 하는데, 잘못된 생각이에요. 대장에서는 소장에서 흡수하고 남은 물을 흡수하거든요. 대장에서 소화되고 남은 찌꺼기는 대장의 연동운동에 따라 아주 천천히 이동합니다. 대장을 통과하는 데는 12시간에서 24시간이 걸린다고 해요. 이 과정에서 대장이 물을 흡수해서 똥이 단단해진답니다.

　대장은 세균이 사는 마을이기도 해요. 대장에 사는 세균 중에서 '대장균'이라는 이름을 가진 세균도 있어요. 여러분의 똥에는 세균이 많이 섞여 나온답니다. 똥의 10%가량은 세균이라니, 참 놀랍죠? 대장에 사는 세균이 남은 영양소 등을 분해하기 때문에 가스가 생기는데, 이것이 바로 방귀예요. 물론 방귀에는 입으로 들어간 공기도 포함되지만요. 방귀는 소화효소가 만드는 것이 아니라 세균이 만드는 거예요. 과일, 콩, 강낭콩, 양배추 등 섬유질이 많은 음식물을 먹으면 방귀가 많이 나와요. 그런가 하면 장에 사는 몇몇 세균은 비타

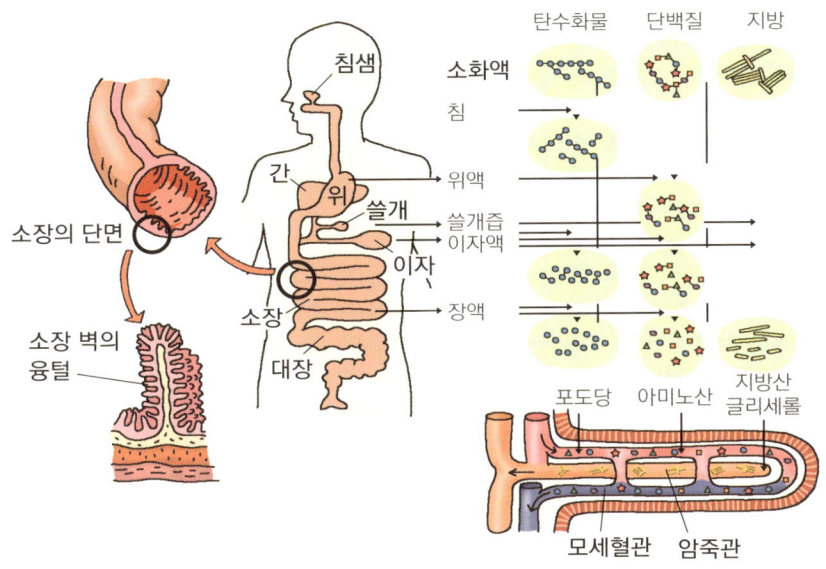

민 B, K 등을 만들기도 해요. 그 비타민은 대장에서 흡수되어 우리 몸에서 쓰이기도 한답니다.

 자, 지금까지 알아본 소화 과정을 그림을 보며 간단히 정리하기로 해요. 탄수화물, 지방, 단백질이 입, 위, 소장 등을 거치면 각 기관에서 분비되는 소화효소가 소화작용을 해요. 그 결과 탄수화물, 지방, 단백질은 각각 포도당, 아미노산 그리고 지방산과 글리세롤로 소화되죠. 소화 과정을 다시 한 번 살펴보세요. 우리가 먹은 음식물이 영양소로 흡수되기까지 참 긴 여행을 하죠? 앞으로 몸에 필요한 영양소를 잘 섭취할 수 있도록 반찬을 골고루 먹기로 해요.

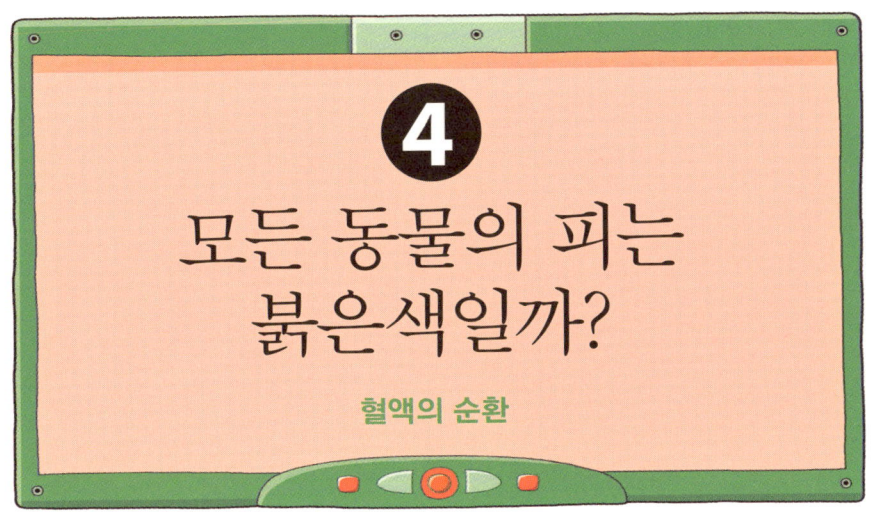

4
모든 동물의 피는 붉은색일까?
혈액의 순환

　사람의 혈액은 붉은색이에요. 옛날 역사를 다룬 영화나 드라마를 보면 칼을 들고 싸우다가 피를 흘리며 쓰러지는 병사들이 나오기도 합니다. 붉은 피를 보면 좀 무섭다는 생각도 들 거예요. 혹시 '드라큘라'라는 영화를 본 적이 있나요? 드라큘라는 유럽의 오래된 성에 사는 흡혈귀인데, 그 영화에는 드라큘라의 입에 붉은 피가 묻어 있는 장면이 자주 나와요. 좀 무시무시하죠? 꾸며 낸 이야기이긴 하지만, 그 영화를 보면 피가 붉다는 것을 실감하게 되죠.

　사람의 피만 붉은 것은 아니에요. 닭, 뱀, 개구리, 붕어의 피도 붉답니다. 예전에 TV에서 파충류 외계인이 나오는 외국 드라마를 방

영한 적이 있어요. 그런데 그 드라마에서는 파충류 외계인의 피가 초록빛이어서 사람들이 파충류의 피는 초록색일 거라고 생각하기도 했답니다. 지금 생각하면 우스운 이야기죠? 파충류는 뱀, 악어, 거북이 등이 속하는 부류인데, 파충류의 피도 붉은색이에요.

자, 그럼 질문을 하나 할게요. 혈액의 색깔이 붉지 않은 동물도 있을까요?

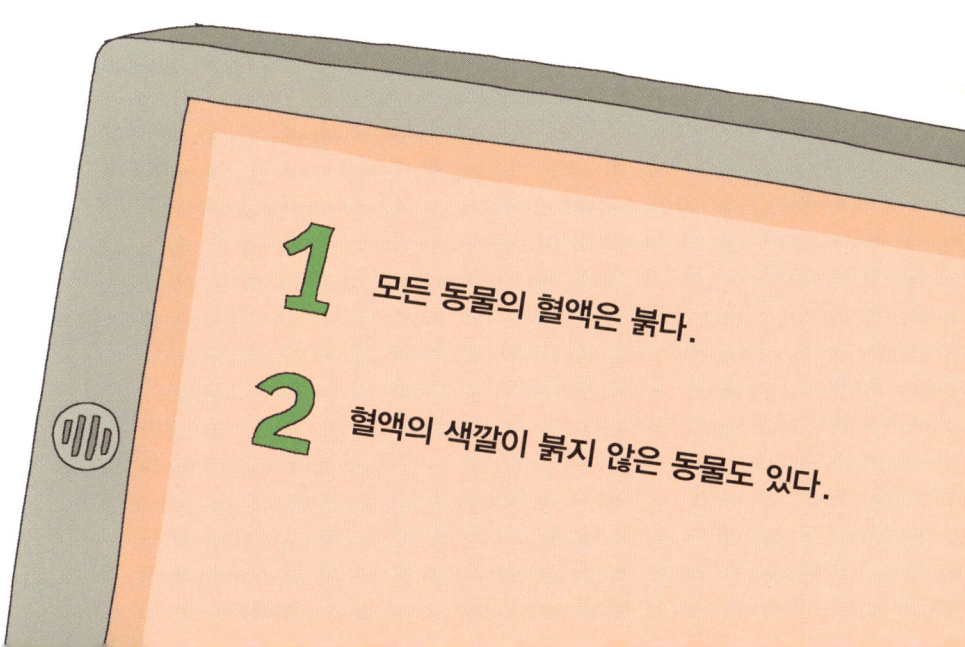

1. 모든 동물의 혈액은 붉다.
2. 혈액의 색깔이 붉지 않은 동물도 있다.

혈액은 왜 필요한 걸까?

베네치아는 이탈리아의 아름다운 수상 도시예요. 그곳에 가면 주택가 사이로 여러 갈래의 좁은 운하가 흐르는 모습을 볼 수 있답니다. 그 운하로 작은 배들이 지나다니며 집집마다 필요한 물건을 날라 줘요. 베네치아 운하 사이에 집이 많이 있듯이 우리 몸에는 세포가 아주 많이 있습니다. 그렇다면 몸에서는 무엇이 운하 역할을 할까요?

바로 혈관이랍니다. 혈관은 혈액이 흐르는 길이에요. 세포 사이로 난 길이죠. 베네치아에서 운하로 집집마다 필요한 물건이 공급되는 것처럼, 우리 몸에서는 필요한 물질들이 혈관을 통해서 세포로 운반된답니다.

그런가 하면 혈관을 도로에 비유하기도 합니다. 도로를 통해서 필요한 물건들이 운반되니까요. 우리나라 지도를 보면 수많은 도로가 거미줄처럼 얽혀 있죠? 고속도로가 있는가 하면, 조그만 마을을 지나는 좁은 길도 있을 거예요. 혈관도 굵은 것이 있는가 하면, 가는 것도 있답니다. 그러면 혈관을 통해서는 무엇이 운반될까요? 세포가 살아가는 데 필요한 것들이 운반될 거예요. 세포가 살아가려면 무엇이 필요한지 배웠죠?

바로 영양소와 산소가 필요합니다. 그런데 세포들은 자기 힘으로 산소를 얻거나 영양소를 얻지는 못합니다. 세포에서 생겨나는 노폐물도 스스로 버릴 수 없고요. 그래서 혈액이 필요한 거예요.

혈액은 몸 구석구석에 있는 세포에까지 산소와 영양소를 날라 주고, 노폐물을 걷어서 버린답니다. 소화관에서 영양소가 흡수되면, 혈액은 그 영양소를 온몸에 있는 세포에 공급해 줘요. 혈액에 녹아 있는 영양소들이 세포로 운반되는 것이죠.

우리가 호흡할 때 산소가 폐로 들어온다는 것은 알고 있죠? 폐에서 흡수된 산소도 혈액을 타고 온몸으로 운반된답니다. 폐에 있는 모세혈관으로 산소가 들어오면, 심장을 거쳐서 온몸으로 보내지는 거예요. 그렇다면 세포에서 생긴 노폐물은 어디로 갈까요? 바로 신장으로 보내집니다. 혈관을 통해 신장으로 간 세포의 노폐물은 신장에서 걸러진 뒤 오줌으로 나가게 된답니다.

그렇다면 세균도 하나의 세포로 되어 있는데, 세균은 혈액을 가지고 있을까요, 그렇지 않을까요?

세균은 필요한 산소와 영양소를 세포막을 통해서 직접 얻습니다. 그래서 혈액이 필요 없답니다.

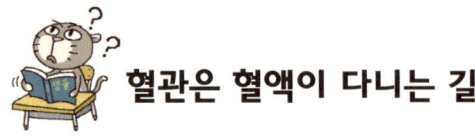
혈관은 혈액이 다니는 길

혈관은 온몸으로 연결되어 있어요. 굵은 것도 있고, 가는 것도 있다고 했죠? 고속도로가 좁은 지방 도로로 이어지고, 다시 동네 길로 접어들 듯이 혈관도 굵은 것에서 점점 가는 혈관으로 이어진답니다. 그래서 몸 구석구석까지 필요한 물질이 공급될 수 있는 거예요.

혈관은 크게 동맥, 모세혈관, 정맥으로 나뉩니다. 동맥은 심장에서 나가는 혈액이 흐르는 혈관을 말해요. 동맥을 흐르는 혈액은 온몸에 그물처럼 퍼져 있는 모세혈관에 도착하죠. 그리고 모세혈관을 지난 혈액은 정맥을 통해 다시 심장으로 돌아온답니다. 그러므로 혈액은 심장에서 온몸으로 갈 때와 온몸에서 심장으로 돌아올 때 각각 다른 길로 다니는 셈이에요.

심장에서 온몸으로 혈액이 나가는 길인 동맥은 신축성이 있는 것이 특징이에요. '신축성'이란 잘 늘어나는 성질을 말합니다. 특히 대동맥은 심장과 바로 연결되어 있어서 높은 혈압에 견딜 수 있어야 하기 때문에 신축성이 아주 크답니다. '동맥경화'라는 말을 들어 봤나요? 동맥에 지방 성분이 붙어서 동맥이 좁아지고 신축성이 줄어드는 것을 동맥경화라고 해요. 동맥경화가 생기면 혈액이 다니는 길이 좁아져서 혈압이 올라가고, 혈액순환에 방해를 받아요. 그러면 우리 몸에 영양소나 산소가 잘 공급되지 않아서 여러 가지 병이 생긴답니다.

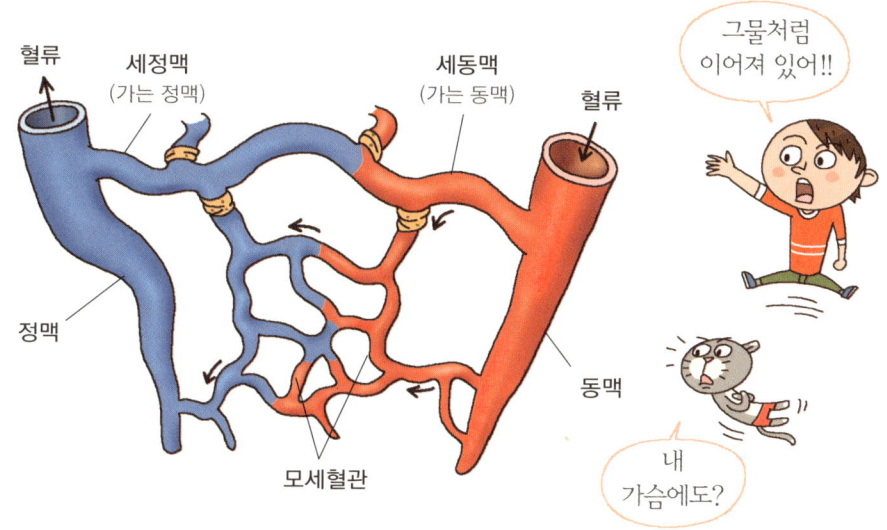

동맥을 지난 혈액은 모세혈관을 흐르게 됩니다. 동맥으로부터 모세혈관으로 이어지는 가지 수가 무려 400억 개나 된다고 해요. 모세혈관 내벽을 전부 펴면 약 1,600제곱킬로미터(㎢)나 되고, 모든 세포는 모세혈관으로부터 80마이크로미터(㎛) 이상 떨어져 있지 않다고 하니, 모세혈관이 얼마나 치밀하게 퍼져 있는지 알 수 있을 거예요.

모세혈관에서는 혈액이 느리게 흘러갑니다. 가는 동맥에서 모세혈관으로 혈액이 들어갈 때는 속도가 느려지거든요. 왜 그럴까요?

동맥에는 아주 여러 갈래의 모세혈관이 연결되어 있기 때문입니다. 수도꼭지에 연결된 호스가 여러 갈래로 나뉜다고 생각해 보세요. 여러 갈래로 나뉜 호스 속에서는 물의 속도가 느려지게 될 거예요. 갈라진 부분의 총 단면적이 넓으니까요.

모세혈관에서는 혈액이 느리게 흘러서 물질 교환에 유리합니다. 만일 동맥에서처럼 혈액이 빠르게 지나간다면 세포에 산소나 영양소를 공급하기가 어려울 거예요. 그러나 모세혈관에서는 혈액이 천천히 흐르기 때문에 산소나 영양소가 모세혈관 벽을 지나 세포로 운반될 수 있답니다. 그런가 하면 모세혈관은 적혈구가 일렬로 지나갈 수 있을 정도로 아주 가늘어요. 오른쪽 그림에서처럼 붕어의 지느러미를 현미경으로 관찰해 보면 적혈구가 지나가는 것을 볼 수 있죠. 모세혈관 벽은 매우 얇고, 보통 세포 한 겹으로 되어 있어요. 또 세포들 사이에는 틈이 있습니다. 그래서 액체 성분과 작은 물질이 그 틈으로 새어 나갈 수 있어요. 그러나 단백질이나 혈구처럼 큰 것들은 새 나가지 않는답니다.

정맥의 혈압은 평균 2밀리미터 수은주(mmHg) 정도로 아주 낮아

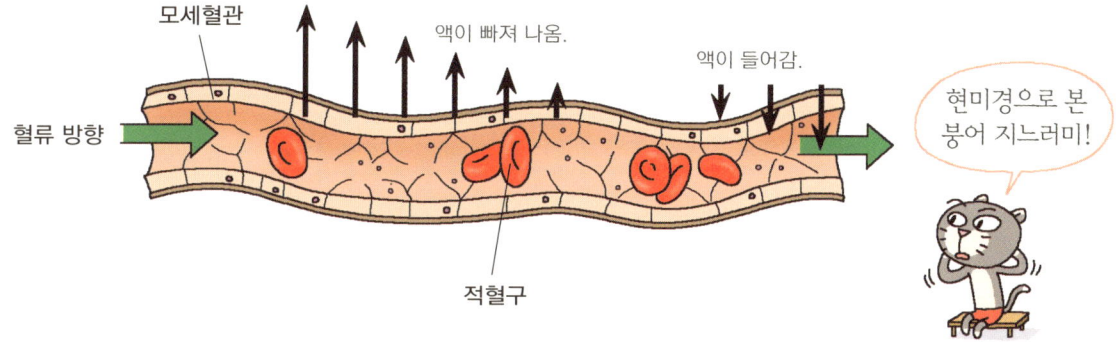

요. 수은주는 온도나 기압을 나타내는 단위를 말하는데, 동맥의 혈압이 120~80밀리미터 수은주(mmHg)인 것과 비교하면 정맥의 혈압은 정말 낮은 편이죠. 그래서 정맥에서는 몸의 움직임에 따라 가끔 혈액이 거꾸로 흘러갈 수도 있답니다. 특히 다리의 혈액이 심장으로 돌아올 때 이런 일이 일어나기 쉬워요. 그래서 정맥에는 판막이 발달해 있어요. 판막은 혈액이 거꾸로 흐르는 것을 막기 위한 장치예요. 혈액이 거꾸로 흐르게 되면 저절로 판막이 닫힙니다.

또 정맥 주위에는 근육이 있어서, 근육의 수축과 이완에 따라 혈관의 부피가 영향을 받게 됩니다. 근육이 이완되면 판막의 작용으로 혈액이 거꾸로 흐르는 것이 방지되고, 근육이 수축하면 혈액이 심장 쪽으로 밀려 올라갈 수 있어요. 이렇게 정맥의 혈액 흐름에는 근육의 움직임과 판막이 중요한 역할을 해요.

이런 원리를 생각해 보면 혈액은 몸을 적당히 움직일 때 잘 흘러 간다는 것을 알 수 있습니다. 조회 때 운동장에 가만히 서 있다가 어지럽다며 주저앉는 친구들이 있을 거예요. 가만히 있으면 혈액순 환이 잘 안되기 때문이죠. 잠을 잘 때도 마찬가지예요. 움직이지 않 고 얌전히 자는 것보다는 가끔 몸을 뒤척이며 자는 것이 혈액순환 에 도움이 된답니다.

 **혈액이 흐르는 두 가지 길**

혈액이 다니는 길에는 크게 두 가지가 있답니다. 하나는 심장의 우심실을 떠나 폐로 갔다가 다시 좌심방으로 들어오는 것이고, 다 른 하나는 좌심실에서 나와 온몸을 거쳐 우심방으로 돌아오는 순환 경로예요. 좀 복잡하죠? 심장을 중심으로 생각하면 쉬워요.

심장을 떠난 혈액이 폐로 갔다가 다시 심장으로 돌아옵니다. 그 런 다음에 다시 온몸으로 갔다가 심장으로 돌아오기를 반복하는 거 예요. 심장이 혈액의 출발점이고, 혈액은 폐→온몸→다시 폐→온몸 의 순서로 순환하는 거죠.

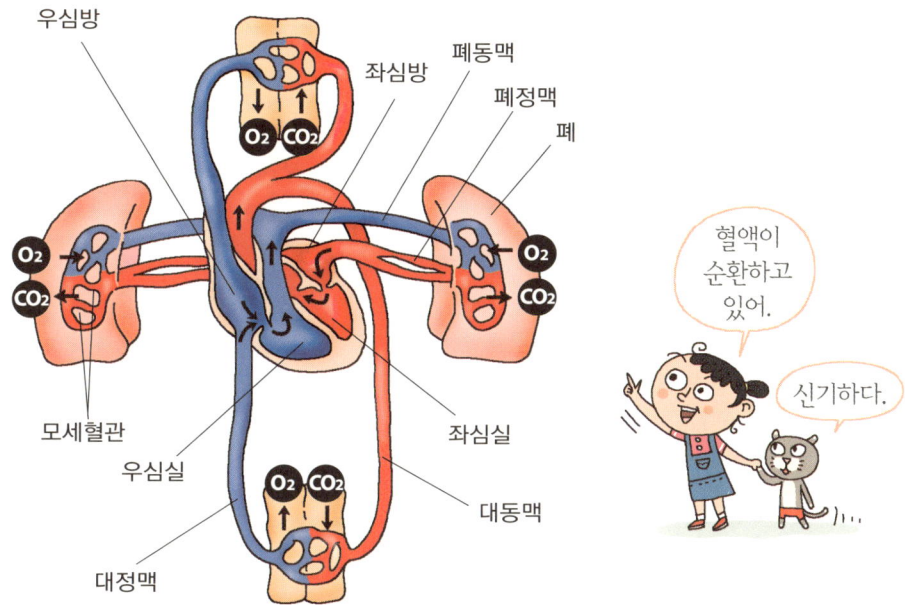

혈액이 왜 폐에 다녀올까요? 바로 폐에서 산소를 받고 이산화탄소를 내보내기 위해서예요. 혈액을 청소한다고나 할까요? 폐에 다녀오는 혈액은 산소를 많이 포함하고 있어서 신선하다고 할 수 있습니다. 이 신선한 혈액을 다시 온몸으로 보내고, 온몸에서 가져온 이산화탄소는 폐를 거쳐서 밖으로 내보내는 거예요.

따라서 폐로 가는 혈액에는 산소가 적고 이산화탄소는 많은 반면, 폐에서 나오는 혈액에는 산소가 많고 이산화탄소는 적습니다. 그리고 온몸으로 가는 혈액에는 산소가 많고 이산화탄소는 적으며,

온몸을 거친 뒤 심장으로 돌아오는 혈액에는 반대로 산소는 적고 이산화탄소가 많죠.

　심장을 떠나는 혈액이 흐르는 혈관을 동맥이라고 부르고, 심장으로 향하는 혈액이 흐르는 혈관을 정맥이라 한다고 했죠? 유의해야 할 것은 동맥을 흐르는 혈액이라고 해서 전부 산소를 많이 포함하지는 않는다는 거예요. 보통 동맥을 흐르는 혈액에 산소가 많고 이산화탄소가 적지만, 심장에서 폐로 가는 동맥, 즉 폐동맥을 흐르는 혈액에는 산소가 적거든요. 이렇게 산소가 적고, 이산화탄소가 많은 혈액을 '정맥혈'이라고 부르기도 해요. 그래서 폐동맥에는 정맥혈이 흐른다고 할 수 있답니다.

 **조직액과 림프**

　혈액에 포함된 적혈구, 백혈구 외에도 영양소나 여러 가지 단백질이 혈장 성분을 이뤄요. 그런데 모세혈관에서 빠져나간 혈장은 조직액이라고 부릅니다. '조직액'이란 혈관과 세포 사이에 있는 액체 성분이에요. 조직액은 혈관으로 들어가기도 하지만 일부는 '림프

관'이라는 관을 통해 심장으로 이동해요. 림프관은 혈관과는 구분되는 별도의 관인데, 림프관을 흐르는 조직액을 '림프'라고 합니다. 림프에는 적혈구가 없어서 림프관이 붉은색을 띠지는 않는답니다.

조직액은 모세 림프관으로 들어가서 점점 굵은 림프관을 지나 가슴관이라는 가장 큰 림프관에서 흐릅니다. 이 가슴관은 몸의 윗부분에 있는 상대정맥과 연결돼요. 림프는 결국 다시 혈관으로 흐르게 되는 셈이죠. 특이한 것은 림프관 곳곳에 '림프절'이라는 부분이 있다는 거예요.

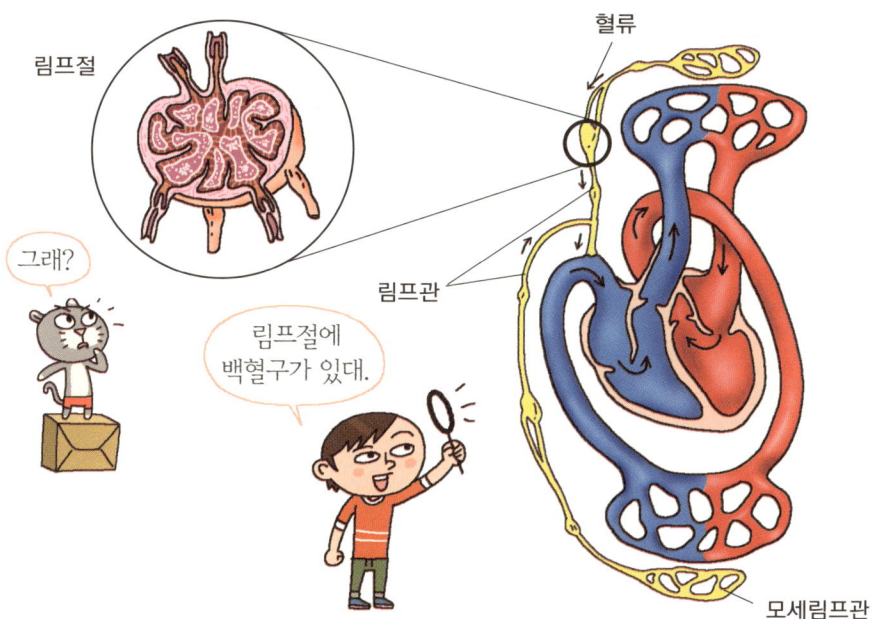

림프절에는 백혈구가 많이 있어요. 그래서 림프절에서는 병원체와 백혈구의 싸움이 일어나죠. 싸움이 심할 때는 림프절이 부어오르기도 해요. 겨드랑이나 사타구니에 조그만 덩어리 같은 것이 생기고 그것을 만지면 아플 때가 있는데, 바로 그 부분이 림프절이에요. 림프절은 우리 몸에 침입한 병원체의 검문소 역할도 해요. 팔다리로 침입한 병원체가 림프관을 따라 이동하면 림프절에서 병원체를 없애거든요. 또 림프절은 몸을 떠도는 암세포도 걸러 낸답니다.

 ## 심장은 혈액이 흐르는 힘의 원천

심장은 혈액이 흐르는 힘을 만들어 내는 곳이죠. 우리는 쉬지 않고 뛰는 심장 덕분에 살아갈 수 있어요. 심장은 대단히 두꺼운 근육을 가지고 있답니다. 심장의 근육이 두꺼워야 혈액이 순환할 수 있는 힘이 생기거든요.

심장은 89쪽 그림처럼 '심실'과 '심방'으로 구성됩니다. 심실은 혈액을 내보내는 곳이고, 심방은 받아들이는 곳이에요. 혈액순환에서 심실은 펌프 역할을, 심방은 혈액을 받아들여서 심실을 채우는 역할을 해요. 심방이 혈액을 받아들여서 심실을 채우고, 심실은 그 혈액을 펌프질해서 몸으로 보내는 것이죠. 그렇다면 심방과 심실 중 어느 쪽 근육이 더 두꺼울까요?

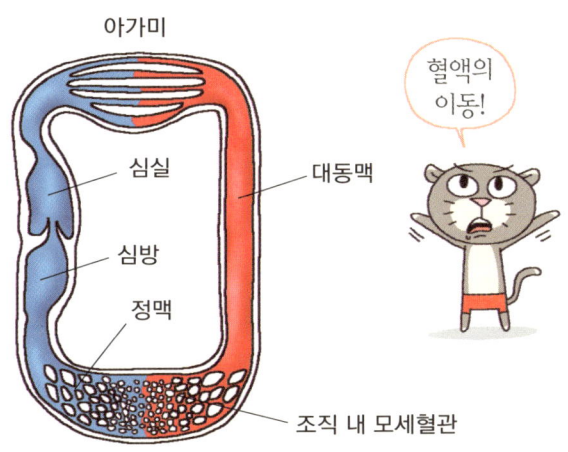

 힘을 더 많이 쓰는 심실의 근육이 더 두꺼워요. 어류의 심장을 살펴보면 심방과 심실이 하는 일을 쉽게 이해할 수 있어요. 위의 그림에서 온몸을 돌고 온 혈액이 들어오는 심장의 방이 바로 심방이에요. 혈액은 심방을 거친 뒤에 심실을 채우죠. 그러면 심실은 혈액을 힘차게 내보내요. 심실에서 나간 혈액은 아가미로 갑니다. 혈액은 아가미에서 산소를 공급받고, 이산화탄소를 내보낸 다음 몸으로 가죠. 이런 순환 경로를 반복하는 것이 어류의 혈액순환이에요. 그래서 어류의 혈액은 산소가 많은 혈액과 적은 혈액이 구분된답니다.

하지만 사람이나 조류는 심장이 4칸이에요. 심방이 2개, 심실이 2개죠. 심방은 혈액이 들어오는 곳이고, 심실은 혈액이 나가는 곳이라고 했죠? 그러면 사람의 심방 2개에는 어디에서 혈액이 들어올까요?

89쪽 그림을 다시 한 번 보세요. 우심방은 온몸을 돌고 온 혈액이 들어오는 방이고, 좌심방은 폐를 거친 혈액이 들어오는 방이라고 했어요. 우심방은 온몸을 돌고 온 혈액을 받아 우심실을 채우고, 마찬가지로 좌심방은 폐를 거쳐 온 혈액을 받아서 좌심실로 보내죠. 그렇다면 심실 2개는 어디로 혈액을 내보낼까요?

우심실은 바로 우심방에서 온 혈액을 받아서 폐로 보내고, 좌심실은 좌심방으로부터 받은 혈액을 온몸으로 내보낸답니다.

혈액에는 무엇이 들어 있을까?

지금까지 우리는 혈액이 다니는 길에 대해 공부했어요. 그렇다면 혈액에는 무엇이 들어 있는지 알아보기로 해요.

　혈액에는 우리 몸을 지키는 백혈구가 있습니다. 백혈구는 병균과 싸우는 전사들이랍니다. 우리 몸에 들어온 병균을 없애기 위해 병균과 싸우는 과정에서 많은 백혈구가 죽기도 합니다. 또 백혈구는 병균을 잡아먹기도 하고, 병균에 대항하는 화학물질을 만들기도 하죠.

　병균이 몸에 들어오면 혈액을 통해서 퍼져 나갑니다. 그래서 혈액에 있는 백혈구들이, 병균이 지나가는 길목을 지키는 거예요. 백혈구 가운데는 혈관 밖으로 나갈 수 있는 것도 있답니다. 몸을 가늘게 해서 모세혈관 벽을 이루는 세포들 틈으로 지나가죠. 그래서 백혈구는 혈관 밖에 있는 병균도 무찌를 수 있습니다.

　몸에 상처가 나면 병균이 상처를 통해 침입해요. 그러면 피부 밑에서 보초를 서던 백혈구가 병균이 들어왔다는 것을 알려 주는 화학물질을 내보내서 백혈구들을 불러 모읍니다. 백혈구들은 혈관 밖으로 나가서 상처가 난 부분으로 모이고, 그곳에서 병균과 한바탕 싸움을 벌이죠. 고름이 바로 병균과 백혈구들이 싸우다 죽은 흔적입니다. 상처가 나지 않더라도 몸에는 끊임없이 병균이 침입해요. 코나 입으로 들어오기도 하죠. 그래서 백혈구와 병균의 싸움이 끊임없이 이어집니다. 지금 이 순간도 우리 몸에서는 백혈구가 병균과 싸우고 있을 거예요.

혈액에는 '혈소판'이라는 세포 조각도 많이 들어 있어요. 혈소판은 상처가 났을 때 혈액을 굳게 만들어서 출혈을 멈추는 역할을 합니다. 혈액이 굳는 것은 복잡한 화학반응인데, 그 과정에서 혈소판이 아주 중요한 역할을 하죠. 혈액에는 적혈구, 백혈구, 혈소판 말고도 영양소나 여러 가지 단백질들이 포함되어 있고, 이러한 것들을 '혈장 성분'이라고 부른다고 했죠? 혈액을 이루는 성분 중 빼놓을 수 없는 것이 바로 적혈구에요. 운하에 배가 다니고 도로에 자동차가 다니듯이, 적혈구는 혈관을 따라 이동합니다. 적혈구의 중요한 임무는 산소를 운반하는 거예요. 적혈구는 가느다란 모세혈관도 지나야 하기 때문에 둥근 도넛처럼 생겼어요.

여러분의 기억력이 얼마나 좋은지 확인해 볼까요? 앞에서 적혈구를 버스라고 한다면 헤모글로빈은 무엇에 비유했는지 기억하세요?

바로 '산소가 앉는 의자'라고 했어요. 헤모글로빈은 단백질로 만들어진 붉은색 의자라고 할 수 있습니다. 그 의자에는 철(Fe) 4개가 자리 잡고 있으며, 이 철과 산소가 결합한답니다. 그러므로 헤모글로빈 1분자마다 산소 4개가 앉을 수 있어요. 철분이 부족하면 빈혈 증세가 나타나기도 해요. 철이 헤모글로빈을 이루는 중요한 성분이거든요. 적혈구는 바로 이 헤모글로빈으로 가득 차 있어서 붉게 보인답니다. 그래서 혈액 또한 붉은색을 띠죠. 지금까지 우리는 혈액에 대해 알아보았습니다. 그럼 처음에 했던 질문을 떠올려 봅시다. 혈액이 붉지 않은 동물도 있을까요?

모든 동물의 혈액이 붉은 것은 아닙니다. 붉은색 혈액을 갖는 것은 척추동물 뿐이랍니다. 사람, 비둘기, 뱀, 개구리, 붕어 등은 헤모글로빈을 갖고 있어서 피가 붉어요. 하지만 척추가 없는 곤충이나 조개 등의 피는 푸르스름하지만 거의 무색에 가깝죠. 이런 동물들의 혈액에는 '헤모시아닌'이라는 색소가 들어 있기 때문이에요. 이 색소는 산소와 결합하면 푸르스름한 색을 나타낸답니다. 이런 걸 보면 동물의 종류가 참 여러 가지라는 생각이 들어요.

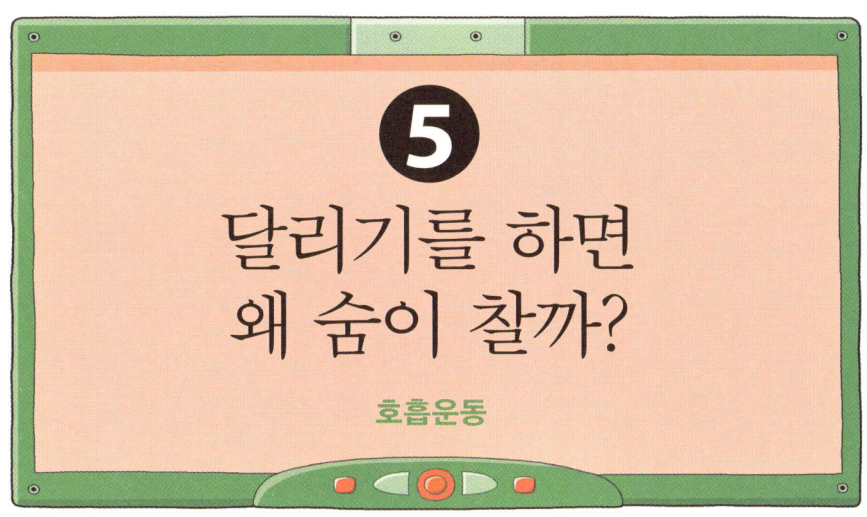

5
달리기를 하면 왜 숨이 찰까?

호흡운동

여러분은 누군가 "왜 숨을 쉬니?"라고 물으면 뭐라고 대답할 건가요? '살기 위해서'라고 말해도 틀린 답은 아니에요. 하지만 《자신만만 과학책》을 읽는 친구들은 정답만 떠올리는 것이 아니라 왜 그런지 이유를 생각해 보면 좋겠네요.

우리가 숨을 쉬는 첫 번째 이유는 산소를 얻기 위해서입니다. 그럼 산소는 왜 필요하죠? 세포가 포도당이나 지방 같은 영양소를 분해해서 에너지를 얻으려면 산소가 필요하다고 했어요.

그렇다면 "숨을 못 쉬면 왜 죽게 될까?"라는 질문에는 무엇이라고 답해야 할까요? '산소가 부족해서'라고 말할 수도 있을 거예요.

하지만 '에너지가 부족해져서'라고 한다면, 더욱 과학적인 대답이라고 할 수 있답니다.

　숨을 쉬는 두 번째 이유는 몸속의 이산화탄소를 내보내기 위해서랍니다. 포도당이 세포 안에서 완전히 분해되면 이산화탄소와 물이 생깁니다. 호흡할 때 폐를 통해서 이산화탄소를 몸 밖으로 내보내는 거예요. 그렇다면 여기서 질문을 한 가지 할게요. 달리기를 하면 왜 숨이 찬 걸까요?

헥헥, 내가 1등이다!

? 달리기할 때 숨이 가빠지는 이유는 무엇 때문일까?

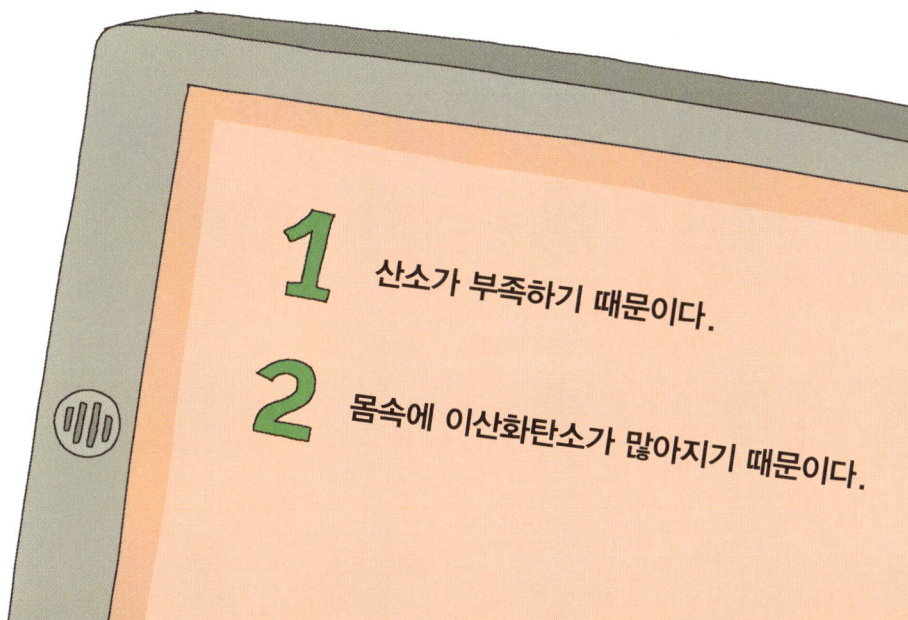

1 산소가 부족하기 때문이다.

2 몸속에 이산화탄소가 많아지기 때문이다.

표피의 면적이 70제곱미터(㎡)나 되는 폐

우리는 에너지를 얻지 못하면 살 수 없을 거예요. 산소는 우리 몸에 필요한 에너지를 얻는 데 아주 중요한 일을 하죠. 에너지는 영양소를 분해할 때 나오는데, 산소가 있어야 영양소를 완전히 분해할 수 있습니다. 그러므로 산소는 우리에게 없어서는 안 되는 중요한 물질이에요.

우리 몸에는 산소를 받아들이는 특수한 기관이 있어요. 바로 폐랍니다. 폐는 수많은 폐포로 이루어져 있는데, 폐포를 작은 풍선이라고 생각하면 이해하기 쉬울 거예요. 물론 폐포는 눈에 보이지 않을 정도로 작답니다. 폐포는 공기가 들어오면 풍선처럼 커지고, 공기가 나가면 다시 줄어들어요.

사람의 폐포는 약 3억 개나 된다고 해요. 그래서 폐의 안쪽 표피 면적은 자그마치 70제곱미터(㎡)나 됩니다. 폐는 이렇게 면적이 넓어서 산소를 아주 잘 흡수하고, 이산화탄소도 잘 내보낼 수 있답니다.

폐포는 모세혈관으로 둘러싸여 있어요. 심장에서 온 혈액은 모세혈관을 지나가죠. 이때 폐포 안에 있던 산소는 얇은 모세혈관 벽을

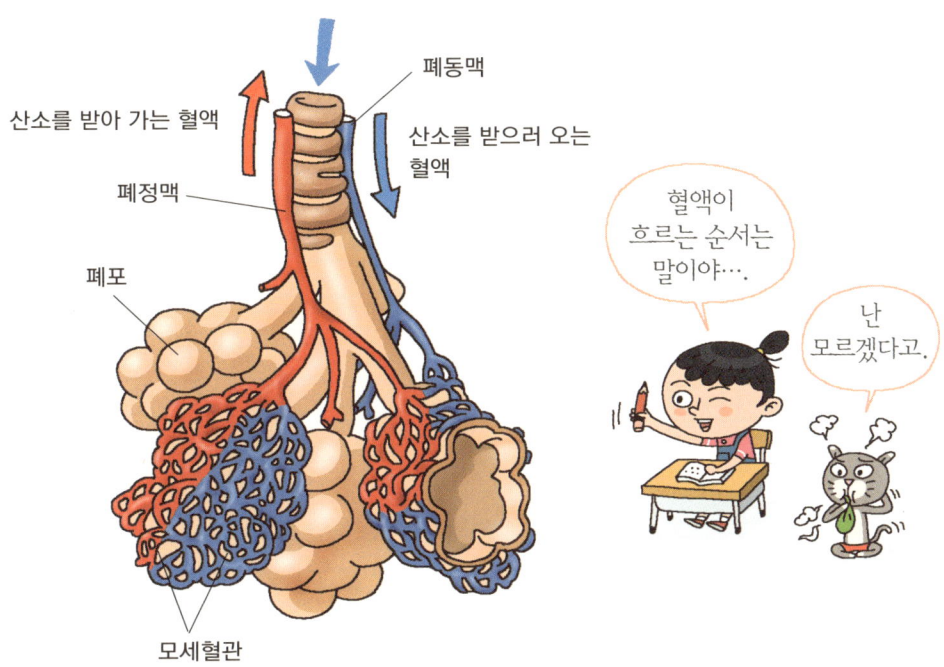

통과해서 혈액으로 들어갑니다. 그러면 혈액은 산소를 받아서 다시 심장으로 가요. 또한 폐로 왔던 혈액은 이산화탄소를 내보내고 가죠. 그러니까 심장으로부터 왔던 혈액은 폐에서 산소를 받고 이산화탄소를 내보낸 다음, 다시 심장으로 되돌아가는 거랍니다.

그럼 심장으로 돌아간 혈액은 어디로 가느냐고요? 온몸으로 퍼져 나가죠. 그 혈액은 온몸에 산소를 날라다 주고, 이산화탄소를 받아서 다시 심장으로 돌아오고요. 그런 다음에는 다시 폐로 돌아오겠죠?

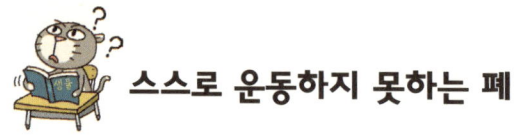 **스스로 운동하지 못하는 폐**

폐는 스스로 움직이지 못한답니다. 폐에는 근육이 없기 때문이에요. 만일 폐포에 근육이 있다면 어떻게 될까요? 두께가 두꺼워져서 풍선처럼 잘 늘어나거나 줄어들지 못할 거예요. 그래서 폐포는 근육 대신 얇은 막으로 이루어져 있어요.

그러면 스스로 움직일 수 없는 폐는 어떻게 공기가 들어오고 나가게 할 수 있을까요? 그 비밀은 바로 호흡운동에 있답니다. 호흡운동은 갈비뼈에 붙어 있는 근육과 횡격막의 움직임에 따라 일어납니다.

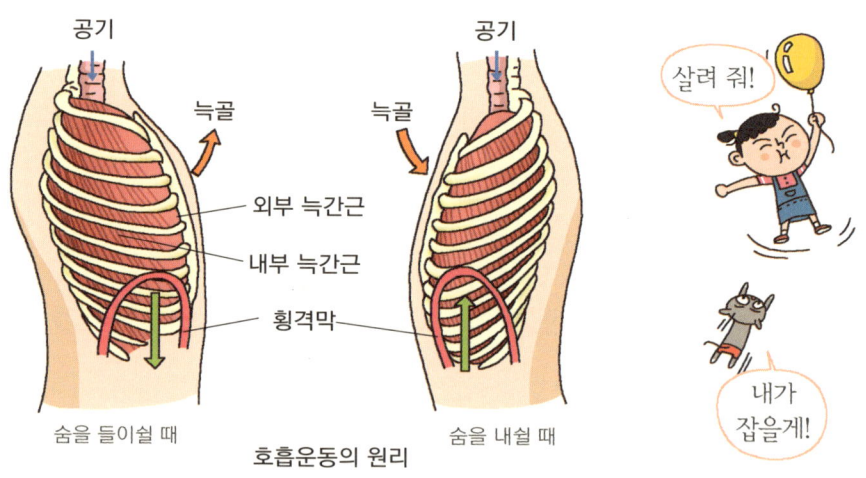

호흡운동의 원리

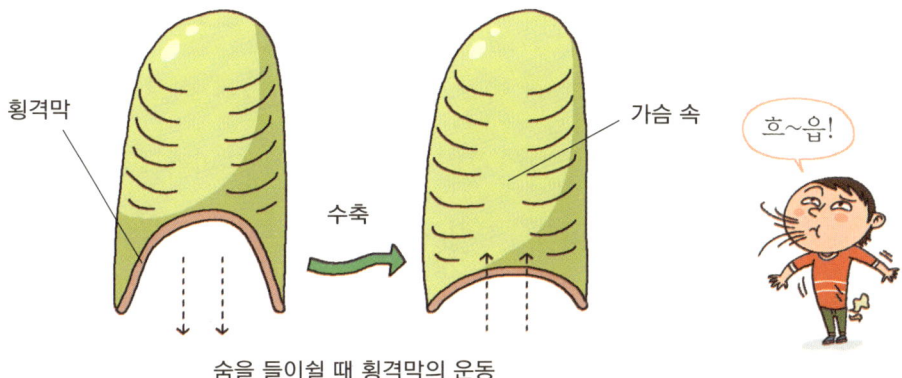

숨을 들이쉴 때 횡격막의 운동

호흡운동이 일어나는 원리를 배우기 전에 먼저 갈비뼈에 붙어 있는 근육과 횡격막에 대해 알아보기로 해요. 갈비뼈에 붙어 있는 근육을 어려운 말로 '늑간근'이라고 해요. 갈비뼈는 '늑골'이라고 부르고요. 늑간근은 두 겹으로 되어 있는데, 그중 바깥쪽에 있는 근육, 즉 외부 늑간근이 수축하면 갈비뼈가 위로 올라갑니다. 반대로 안쪽에 있는 내부 늑간근이 수축하면 갈비뼈가 아래로 내려와요.

횡격막은 배와 가슴을 구분하는 근육으로 된 막이에요. 평소에는 위쪽으로 구부러져 있다가, 수축하면 아래로 내려오면서 좀 더 평평해진답니다. 이때 가슴 속의 부피가 위의 그림처럼 커지죠.

먼저 폐로 공기가 들어올 때부터 살펴봅시다. 좀 복잡하니까 잘 이해하도록 하세요. 공기가 폐로 들어오려면 가슴 안쪽의 부피가 커져야 한답니다. 어떻게 하면 가슴 안쪽의 부피가 커질까요?

104쪽 그림처럼 바깥쪽에 있는 늑간근, 그러니까 외부 늑간근이 수축하면 갈비뼈가 위로 올라가면서 가슴 속의 부피가 커져요. 숨을 한 번 들이쉬어 보세요. 갈비뼈가 위로 올라가죠? 또한 횡격막이 수축하면 아래로 내려가면서 가슴 안쪽의 부피가 커진답니다. 그러면 공기가 폐로 들어오게 되는 거예요.

공기가 나갈 때는 이와 반대로 운동해요. 즉, 내부 늑간근이 수축해서 갈비뼈가 아래로 내려오고, 횡격막이 이완하면서 가슴 안쪽이 좁아지죠. 이때 공기가 폐 밖으로 밀려 나간답니다.

 **폐포로 공기가 들어오는 원리**

이번에는 대기 중의 공기가 폐로 들어오는 원리를 알아볼게요. 107쪽 그림과 같은 장치를 만들어서 호흡운동의 원리를 실험해 볼 수 있습니다. 그림 (가)에서는 고무 막을 아래로 내리면 유리종 안쪽의 부피가 커지면서 공기가 풍선으로 들어가요. 이처럼 공기가 들어가는 이유는 무엇 때문일까요?

고무 막을 아래로 당기면 유리종 안의 부피가 커지고, 압력이 대기압보다 낮아진답니다. 그러면 압력이 높은 대기로부터 압력이 낮은 유리종 안으로 공기가 밀려 들어가는 거예요. 그러나 (나)처럼 병에 구멍을 내면, 풍선으로 공기가 들어가지 않아요. 고무 막을 당겼을 때 구멍으로 공기가 들어와서 유리종 안의 압력이 낮아지지 않기 때문이죠.

우리가 숨을 들이쉴 때 폐포로 공기가 들어오는 것은, 가슴 안쪽의 부피가 커져서 대기압보다 압력이 낮아지기 때문이랍니다.

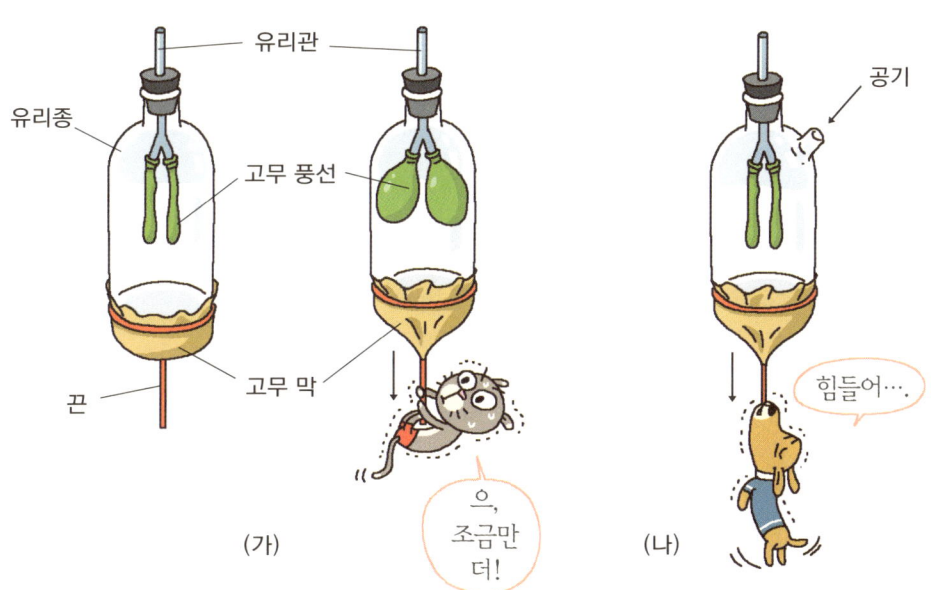

흉강은 폐포보다 압력이 낮다

 흉강이란 말을 들어 본 적 있나요? '흉강'이란 폐와 몸통 사이의 공간이에요. 폐가 흉강 안에 있다고 할 수 있죠.

 만일 흉강의 압력이 폐보다 높다면 폐포는 자꾸 찌그러들 거예요. 하지만 다행히 흉강의 압력이 폐보다 작아서 폐포 모양이 풍선처럼 유지될 수 있어요. 예를 한 번 들어 볼까요?

 상자 안에 공기가 들어 있는 풍선이 있다고 생각해 보세요. 풍선이 둥그런 모양을 유지하려면 상자 안의 공기보다 풍선의 압력이 커야 할 거예요. 만일 상자 속에 있는 공기 압력이 풍선의 공기 압력보다 크다면 어떻게 될까요? 풍선이 찌그러지겠죠? 풍선을 폐, 상자 안을 흉강이라고 생각하면 흉강의 압력이 폐포보다 작아야 한다는 것을 이해할 수 있을 거예요.

만일 사고로 흉강에 구멍이 나면 어떻게 될까요? 흉강의 압력이 대기압과 같아져서 폐포가 모양을 유지할 수 없겠죠? 그러면 폐포를 통해 공기가 나왔다 들어가는 것이 어려워질 거예요.

달리기를 하면 숨이 가빠지는 이유

100미터(m) 달리기를 하면 숨이 몹시 빨라집니다. 그러다가 달리기를 멈추면 호흡운동이 천천히 평소처럼 돌아가죠. 달리기를 하면 왜 숨이 가빠지는 걸까요?

110쪽 그래프를 보며 생각해 보기로 해요. 이 그래프의 선들은 산소와 이산화탄소가 차지하는 비율이 다른 세 가지 공기를 나타낸 거예요. 그래프의 변화는 숨을 쉴 때와 시간의 흐름에 따라 호흡수가 어떻게 달라지는지를 의미합니다.

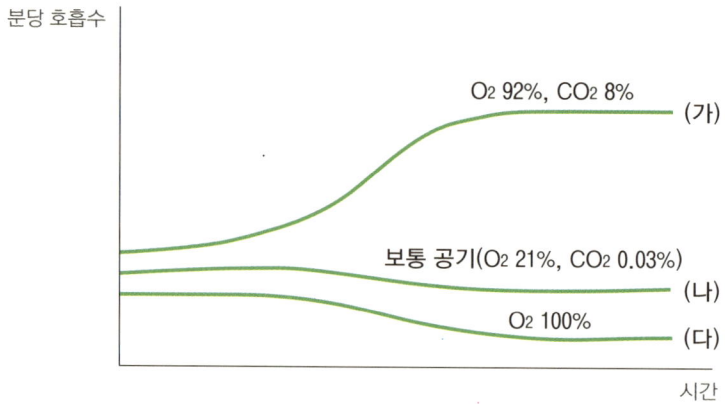

이 그래프에서 혈액 속의 이산화탄소와 산소 농도 가운데 호흡운동에 더 큰 영향을 주는 것은 무엇인가요? 긴장하지 말고 차근차근 살펴보세요. 그래프 속에 답이 들어 있거든요.

답은 바로 이산화탄소의 농도예요. 그래프를 보면 산소가 21%인 (나)보다 92%인 (가)에서 분당 호흡수가 더 많아요. 분당 호흡수가 많다는 것은 호흡이 더 빨라진다는 뜻이죠. 산소가 21%일 때보다 92%일 때 이산화탄소의 비율이 8%로 더 높기 때문이에요.

그럼 이제 열심히 달리고 나면 숨이 찬 이유를 설명할 수 있겠죠? 달리기를 하면 바로 몸속의 이산화탄소 농도가 높아져서 숨이 가빠지는 것이랍니다. 그러면 코를 막고 있으면 왜 숨이 가빠질까요? 산소가 부족해져서일까요, 아니면 혈액 속의 이산화탄소가 많아져서일까요?

이번에도 역시 혈액 내의 이산화탄소가 많아지기 때문이에요. 물론 산소의 농도가 호흡운동에 아예 영향을 미치지 않는 것은 아니지만, 이산화탄소의 농도가 더 큰 영향을 준다는 이야기죠.

우리 몸에서 호흡운동을 조절하는 곳은 연수예요. 그래서 연수를 '숨뇌'라고 부르기도 합니다. 몸 안에 이산화탄소가 많아지면 연수가 알아차리고 호흡운동을 빨리하도록 명령을 내린답니다.

산소는 어떻게 혈액으로 들어올까?

그런데 폐포로 들어온 공기 가운데 산소는 어떤 원리로 혈액으로 들어오는 걸까요?

'확산'이라는 말을 들어 보았을 거예요. 확산이란 농도가 높은 곳에서 낮은 곳으로 물질이 이동하는 현상을 말해요. 예를 들어 물에 떨어진 잉크 방울이 퍼져 나가는 것이나, 연기가 공기 중으로 퍼지는 것도 확산이죠. 폐포의 공기에는 산소가 많고, 폐를 지나는 혈액에는 산소가 적기 때문에 공기 중의 산소가 혈액으로 확산하여 들어오는 것이랍니다.

　이산화탄소도 같은 원리로 모세혈관에서 폐포 속 공기로 확산되어 나가요. 모세혈관과 세포 사이의 기체 움직임도 마찬가지입니다. 세포보다는 모세혈관의 산소 압력이 높으므로 산소가 세포로 이동하는 거예요.

　우리가 살아가기 위해 꼭 필요한 기체인 산소는 이처럼 에너지를 소비하지 않아도 몸으로 들어와요. 물론 호흡운동을 하기는 하지만, 산소 분자를 받아들이기 위해 우리 몸이 에너지를 쓰지는 않거든요. 참 다행이죠?

　한편 사람과 달리 물고기는 폐를 가지고 있지 않습니다. 그러면 어디로 산소를 얻을까요? 바로 아가미로 얻는답니다. 아가미 사이로 물이 지나갈 때 물속 산소가 아가미를 지나는 혈액으로 확산되어 들어가죠. 그럼 물고기가 공기 중으로 나오면 어떻게 될까요?

　공기가 물처럼 아가미 사이로 계속 지나가지 않기 때문에, 산소가 물고기 아가미로 들어가지 못하게 돼요. 그리고 아가미도 마르게 돼서 물고기는 결국 죽고 말 거예요. 그런가 하면 개구리는 올챙이 시절에는 물속에서만 살 수 있지만, 나중에는 폐가 생겨서 육지로 올라올 수 있답니다.

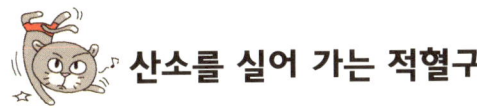
산소를 실어 가는 적혈구

폐포 주위를 흐르는 혈액으로 산소가 들어가면, 산소는 곧바로 적혈구 안의 헤모글로빈과 결합해요. 즉, 산소는 적혈구라는 버스에 실려 온몸으로 운반되는 거예요. 그런 다음 적혈구에서 내려 세포로 들어간답니다. 그러면 산소는 어떤 원리로 폐에서는 적혈구라는 버스에 타고, 온몸으로 갈 때는 적혈구에서 내리는 것일까요?

그 원리는 헤모글로빈의 성질과 관련이 있어요. 헤모글로빈과 산소의 결합은 주변 환경에 영향을 받는답니다. 우선 주변에 산소가 많으면 많을수록 헤모글로빈과 산소는 잘 결합해요. 그러나 주변에 산소가 적으면 헤모글로빈과 산소가 결합하는 힘이 약해집니다. 그러므로 주변에 산소가 많은 폐에서는 헤모글로빈과 산소가 잘 결합하지만, 모세혈관으로 가서는 헤모글로빈에 붙어 있던 산소가 떨어져 나와요. 그래서 산소가 세포로 갈 수 있는 거예요. 만일 모세혈관에서도 산소가 헤모글로빈으로부터 분리되지 않는다면, 세포는 산소를 얻을 수 없을 거예요.

자, 이해를 돕기 위해 좀 더 설명해 볼게요. 적혈구를 버스, 헤모글로빈을 좌석이라고 생각해 보세요. 주변에 산소가 많은 폐라는 정류장에서는 좌석을 모두 채우고 출발하지만, 주변에 산소가 적은 모세혈관이라는 정류장에 가서는 헤모글로빈에 앉아 있던 산소는 내려야 한답니다.

여기서 한 가지 주의할 것은 적혈구 버스를 타고 온 산소가 모세혈관에서 다 내리지는 않는다는 거예요. 헤모글로빈에 있던 산소 가운데 일부는 내리고, 나머지는 다시 폐로 가죠. 거기서 다시 빈자리를 채우고 모세혈관으로 가는 거예요.

왜 일부 산소는 적혈구에서 분리되지 않고 그대로 돌아가는 걸까요? 산소가 우리 몸에 얼마나 중요한 물질인지를 생각하면 이러한 현상을 이해할 수 있어요. 적혈구는 비상 상황을 대비해서 산소를 싣고 다니는 거예요. 그러다가 몸에서 산소가 부족할 때 이용하죠.

한편 헤모글로빈과 산소는 온도가 낮으면 더 잘 결합한답니다. 몸 바깥에 있는 공기가 폐포로 들어오기 때문에 폐포의 온도는 낮습니다. 그래서 폐에서는 헤모글로빈과 산소가 잘 결합하고, 조직에 가서는 헤모글로빈과 산소가 분리되는 거예요. 또한 헤모글로빈은 이산화탄소 농도가 높을수록 산소와 결합하는 능력이 떨어져요. 그래서 이산화탄소 농도가 낮은 폐포에서는 산소와 헤모글로빈이 잘 결합하지만, 혈액이 폐를 떠나면 헤모글로빈과 산소가 서로 분리되죠. 지금까지 한 이야기를 정리해 볼까요?

'헤모글로빈과 산소는 온도가 낮을 때, 산소가 많을수록, 이산화탄소가 적을수록 잘 결합한다.'

이렇게 헤모글로빈은 폐에서는 산소를 잘 붙잡고, 몸에 가서는 산소를 놓아 주는 성질을 가지고 있답니다. 이러한 헤모글로빈의 성질 덕분에 세포는 산소를 받아서 신 나게 일할 수 있어요. 우리 몸이 참 지혜롭다는 것이 다시 한 번 느껴지죠?

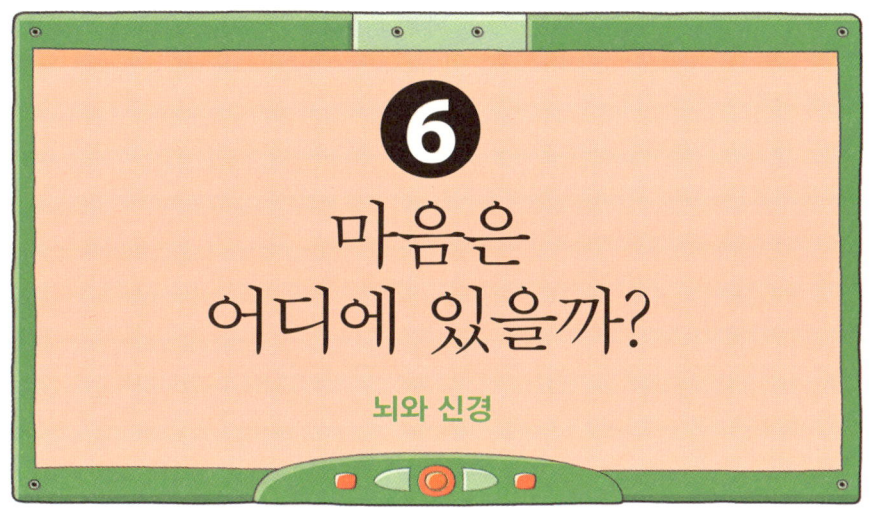

6 마음은 어디에 있을까?

뇌와 신경

사람들은 감정이나 생각을 표현할 때 '마음'이라는 말을 많이 쓰곤 해요. '너와 헤어질 생각을 하니 마음이 아파.', '시험을 못 봐서 마음이 불안해.', '행복은 마음속에 있는 거야.', '내 마음을 전하고 싶어.' 등등, 우리는 이렇게 일상생활에서 마음이라는 말을 참 많이 쓰죠.

마음에도 여러 가지가 있어요. 그리운 마음, 미워하는 마음, 사랑하는 마음, 슬픈 마음, 기쁜 마음, 약한 마음……. 이렇게 사람들은 마음이라는 말을 많이 쓰고, 눈에 보이지는 않아도 마음이 있다는 것을 알고 있습니다.

그런데 여러분은 '마음이 무엇일까?' 하는 생각을 해 본 적이 있나요? 이 질문에 답하기는 아주 어려울 거예요. 아무도 마음을 본 사람이 없고, 마음이 우리 손에 만져지는 것도 아니니까요. 그러나 마음이 있다는 것은 분명하죠.

그렇다면 도대체 우리 몸의 어디에 마음이 있는 것일까요? 어디엔가는 있을 텐데 말예요.

마음은 우리 몸 어디에 있을까?

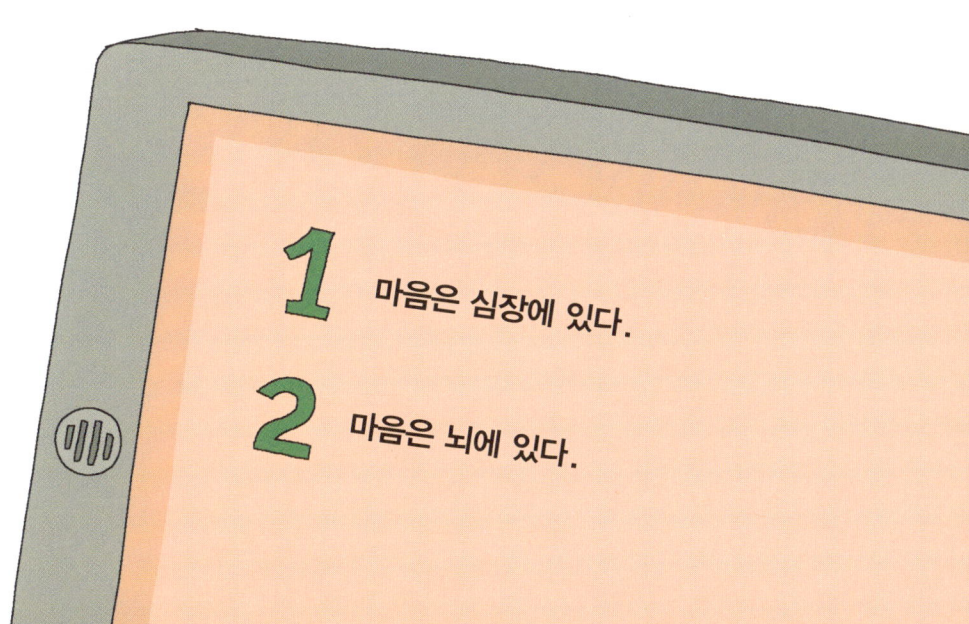

 **우리 몸의 연락망**

수많은 일을 하는 우리 몸에 대해 생각해 보면 신기한 점이 참 많아요. 그 가운데 하나는 연락망이 있다는 거예요. 손이나 발끝에 뭔가 닿으면 느낄 수 있는 것은 바로 신경이 있기 때문이에요. 아래 그림은 우리 몸의 연락망인 신경계를 나타낸 거예요.

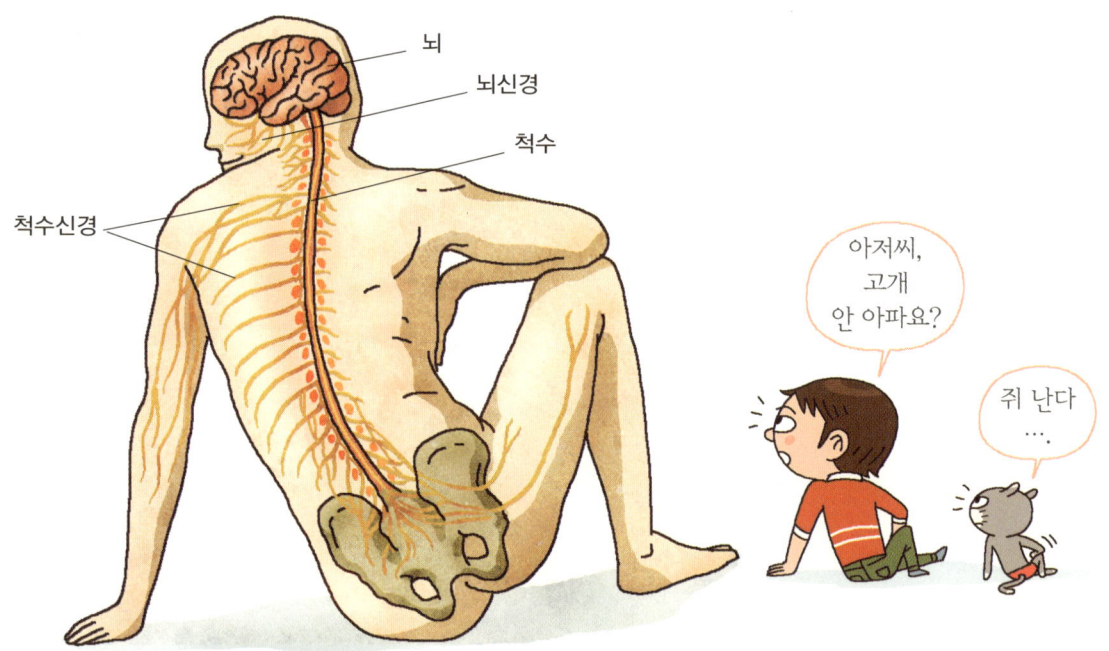

신경계는 뇌와 척수, 그리고 말초신경으로 이루어져 있어요. 맨 위에 뇌가 있고, 뇌로부터 척수가 뻗어 나와요. 흔히 척수와 척추를 혼동할 때가 있는데, '척추'는 등뼈이고, '척수'는 신경이랍니다. 척수는 몸 안에 있는 정보의 고속도로라고 할 수 있습니다. 뇌는 정보를 처리하는 부분이고요. 뇌를 향해 올라가거나 뇌에서 내려가는 정보는 대부분 척수를 지나가요. 만일 척수를 다친다면 다친 부분의 아래에서 올라오는 정보가 뇌에 전달되지 못하고, 또한 그 부분 아래로는 뇌의 명령이 전달되지 않을 거예요. 그러면 다친 부위의 아래쪽이 마비되고 말겠죠.

뇌와 척수를 합해서 '중추신경'이라고 불러요. 중추신경은 신경의 중심이라는 뜻이죠. 뇌와 척수에서 양쪽으로 많은 신경 가지가 뻗어 나가는데, 이것을 '말초신경'이라고 하고요. 몸을 조절할 때 뇌에서 명령을 내리면 척수를 거쳐서 말초신경으로 전달돼요. 이때 말초신경을 '감각신경'이라고 한답니다. 손이나 발에 무엇이 닿았을 때, 자극은 손이나 발에 연결된 감각신경을 통해서 뇌에 전달돼요. 반대로 뇌에서 손이나 발을 움직이라고 명령을 내릴 때는 말초신경 가운데 '운동신경'을 통해 전달되고요. 말초신경은 몸 구석구석까지 퍼져 있습니다.

신경을 이루는 세포

신경은 무엇으로 이루어져 있을까요? 신경 역시 세포로 되어 있답니다. 신경을 이루는 세포는 자극을 전달할 수 있는 특수한 세포예요. 이 세포를 '뉴런'이라고 불러요. 뉴런이란 이름은 그리스어로 힘줄이나 밧줄을 뜻하는 단어에서 유래했다고 합니다. 뉴런이 어떻게 생겼는지, 그림을 보며 알아볼까요?

대부분의 세포처럼 뉴런에도 핵, 세포질, 세포막이 있습니다. 뇌에는 뉴런이 약 1,000억 개 있다고 해요. 이렇게 수많은 뉴런이 서

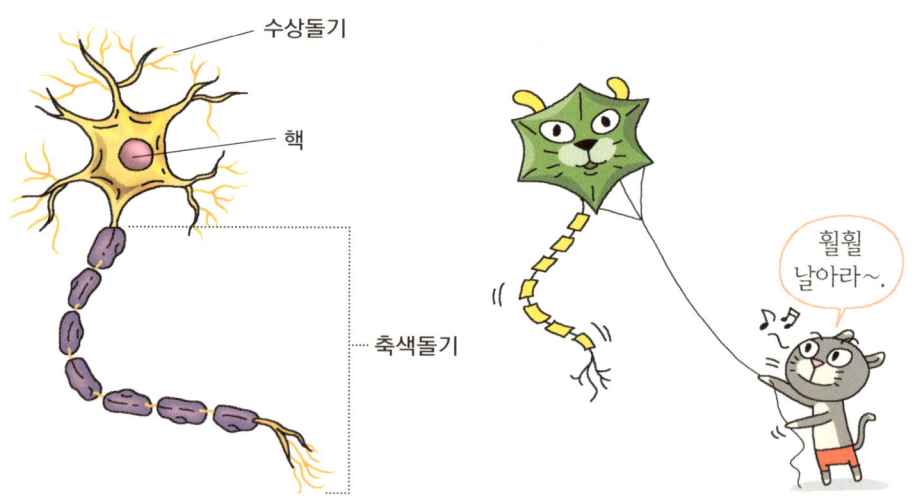

로 연결되어 정보를 주고받으면서 일하죠. 왼쪽 세포 그림을 보세요. 꼬리 달린 연이 날아가는 것 같지 않나요? 뉴런에는 기다란 꼬리가 있는데, 이 부분은 세포질이 길게 늘어난 것이랍니다. 이 꼬리 부분이 팔다리를 지나는 기다란 신경을 이루기도 해요. 팔다리에 있는 신경을 이루는 뉴런 가운데 긴 것은 1미터(m)가 넘는 것도 있답니다. 뇌를 이루는 뉴런의 길이는 훨씬 짧고요.

'축색돌기'라고 부르는 이 꼬리 부분은 전화선에 비유되기도 합니다. 머리 부분에서 생겨난 신호가 꼬리를 지나 다른 신경세포로 전달되기 때문에 정보가 이동하는 길이라고 할 수 있죠. 머리 부분을 '신경세포체'라고 하는데, 바로 이곳에 핵이 들어 있어요. 신경세포체에서는 나뭇가지처럼 생긴 '수상돌기'가 보일 거예요. 이곳에서 뉴런의 신호를 받아들입니다.

'사람의 뇌는 우수하다.'라는 표현은, 결국 뉴런이 서로 정보를 잘 주고받는다는 것을 의미해요. 뉴런이 연결망을 이루며 정보를 주고받을 때 뇌가 활동합니다. 뉴런 1,000억 개가 복잡한 연결망을 이루며 서로 정보를 주고받는 광경을 떠올려 보세요. 우리의 뇌가 정말 멋있지 않나요?

동물은 왜 뇌가 필요할까?

여러분은 혹시 창밖의 나무를 보며 이런 생각을 해 본 적 없나요? '나무도 생각을 할까? 기쁘기도 하고, 슬프기도 할까? 소리를 들을 수도 있을까? 나무도 우리처럼 마음이 있을까?' 하고요. 또는 날아가는 새를 보고 궁금했던 적은 없나요? '새들은 항상 어디로 저렇게 부지런히 날아가는 걸까? 먹이를 찾으러 가나? 새들이 보는 세상은 어떤 모습일까?' 하고 말이에요. 나무 같은 식물은 뇌가 없지만 새와 같은 동물은 뇌를 가지고 있답니다. 식물은 왜 뇌가 없을까요?

늘 먹이를 찾거나 잡아야 하고, 소화를 시켜야 하는 동물의 몸은 복잡합니다. 그래서 근육과 신경이 필요하고, 감각기관이나 소화관도 필요하죠. 동물은 이 모든 기관을 조절하기 위해 뇌를 가지고 있답니다. 하지만 식물은 스스로 광합성을 하고 뿌리로 물과 영양을 흡수해서 살아가요. 먹이를 얻기 위해 돌아다니지 않아도 되니까 신경이나 근육이 없어도 살 수 있죠. 먹이를 먹지 않으니 소화관도 필요 없고요. 식물의 몸 안에 필요한 기관은 양분이 지나다니는 관 정도예요. 그래서 식물은 굳이 뇌가 필요하지 않답니다.

뇌는 우리 몸을 조절하기 위한 장치라고 할 수 있어요. 그래서 다양하고 정교하게 운동하는 동물일수록 발달된 뇌를 가지고 있습니다. 사람만큼 세밀한 동작으로 움직이는 동물은 아마 없을 거예요. 여러분의 손이 얼마나 섬세하게 운동할 수 있는지 생각해 보세요. 글씨를 쓰기도 하고, 젓가락질을 하기도 하고, 연필을 깎기도 하죠. 손의 움직임을 보노라면 참 놀랍다는 생각을 하지 않을 수 없어요.

또 사람은 생각하는 능력이 뛰어나요. 컴퓨터, 자동차, 핸드폰, 인공위성 등은 사람의 지능이 얼마나 좋은지를 보여 주는 예들이죠. 그리고 사람은 언어를 가지고 있어요. 다른 동물도 언어를 쓸 수 있지만, 사람의 언어와 비교하면 아주 단순해요. 인간처럼 복잡한 언어를 가지고 서로 생각이나 감정을 주고받는 동물은 없답니다. 사람의 섬세한 운동 능력이나 생각하는 능력은 모두 발달한 뇌에서 나오는 거예요.

뇌는 어떻게 생겼을까?

사람의 뇌 무게는 1.4킬로그램(kg)쯤 됩니다. 보통 몸무게의 2퍼센트(%) 정도 되죠. 동물의 뇌 가운데 사람의 뇌가 제일 무거운 것은 아니에요. 고래나 코끼리처럼 몸무게가 많이 나가는 동물일수록 뇌의 무게가 더 많이 나갑니다. 그렇지만 그런 동물이 큰 뇌를 갖고 있어서 사람보다 머리가 더 좋지는 않아요. 코끼리처럼 커다란 동물은 사람보다 뇌의 크기가 큰데 왜 머리가 더 좋지 않을까요?

뇌의 크기가 기능과 관련 있는 것은 아니기 때문이에요.

컴퓨터를 예로 들어 볼까요? 옛날에는 컴퓨터가 방 한 칸을 차지할 만큼 아주 컸어요. 요즘 컴퓨터는 들고 다닐 만큼 작지만, 그래도 성능은 옛날보다 훨씬 좋죠. 뇌도 크기보다는 성능이 중요한 거예요.

사람의 뇌는 몸에 비해 작지만, 뇌가 소비하는 산소량은 전체의 20퍼센트(%) 정도로 근육이 사용하는 산소량과 맞먹는다고 해요. 산소 소비량이 왜 중요하냐고요? 산소를 쓴다는 것은 그만큼 에너지를 쓴다는 말이거든요. 그러므로 뇌가 산소를 많이 소비한다는 것은, 그만큼 뇌가 중요하다는 뜻이죠.

뇌의 구조는 아주 복잡합니다. 그러나 보통 '대뇌, 소뇌, 간뇌, 중뇌, 연수' 이렇게 다섯 가지로 구분해요. 연수와 중뇌 부분을 합쳐서 '뇌간(腦幹)'이라고 하는데, '간'에는 우리말로 줄기라는 의미가 있습니다. 그래서 뇌간을 '뇌줄기'라고도 한답니다.

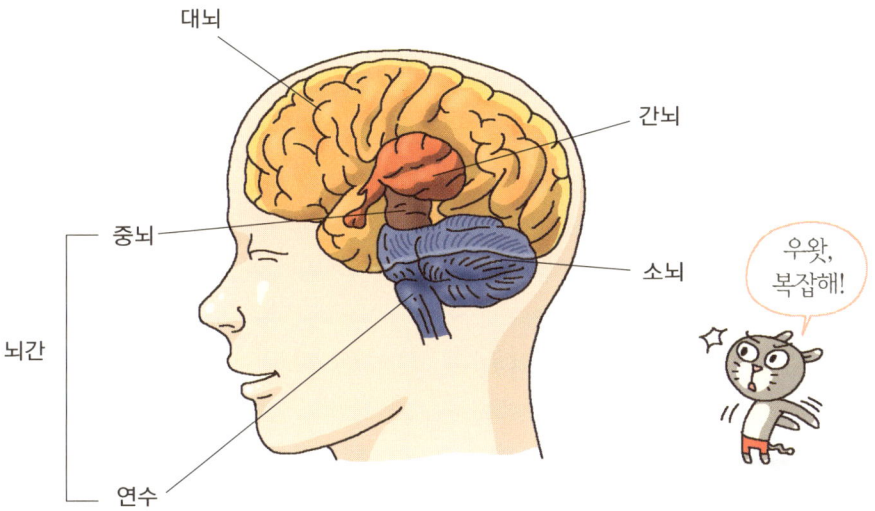

우리 몸에서 뇌간과 간뇌의 역할은 다른 동물의 것과 크게 차이가 없습니다. 하지만 다른 동물의 뇌와 다를 바 없다고 해서 무시해서는 안 된답니다. 뇌간과 간뇌는 우리가 생존하는 데 꼭 필요한 역할을 하거든요. 바로 밥을 소화시키고, 숨을 쉬거나 배설하게 하고, 심장이 뛰게 하죠. 그래서 뇌간이나 간뇌를 다치면 더 이상 살아갈 수 없습니다.

뉴스나 영화에서 뇌를 크게 다쳐서 식물인간이 되었다는 말을 들어 보았을 거예요. '식물인간'이란 대뇌가 손상된 환자를 말해요. 대뇌가 손상되면 일단 몸을 움직일 수가 없게 되죠. 하지만 뇌간이나 간뇌가 살아 있으면 살 수 있어요. 그래도 환자가 움직이거나 환자에게 의식이 있지는 않습니다. 대뇌가 손상되면 아무것도 할 수 없으니, 정말 중요한 곳이죠?

 **대뇌는 우리를 사람답게 하는 뇌**

이번에는 좀 무시무시한 이야기를 하나 할게요. 1848년 미국에서 있었던 일이에요. 철길을 놓는 공사장에서 25세의 청년이 일하고 있었습니다. 이 청년은 주변에서 성실하고 책임감 있다고 평가받는 사람이었죠. 그런데 어느 날 사고가 나서 쇠막대기가 날아올라 청년의 눈 밑을 뚫고 머리를 관통하고 말았어요. 쇠막대기가 지나간 곳은 대뇌의 앞부분이었대요.

하지만 이 청년은 쇠막대기가 뇌를 뚫고 지나갔는데도 살아남았어요. 그 뒤 이 청년은 어떻게 되었을까요? 청년은 다친 뒤에 일터로 돌아가지 못했습니다. 다른 동료들보다 성실했던 청년이 사고 뒤에 게을러지고, 욕을 잘하고, 싸움을 좋아하는 사람으로 바뀌었기 때문이에요. 대뇌에 상처를 입기 전과는 아주 다른 사람이 된 것이죠. 그 사람의 두개골은 지금 하버드 대학 박물관에 보관되어 있다고 해요.

이 이야기로부터 두 가지 사실을 알 수 있습니다. 대뇌를 다쳐도 살 수 있다는 것, 그리고 대뇌의 앞부분이 우리가 책임감 있고 분별력 있게 행동하도록 기능한다는 거예요.

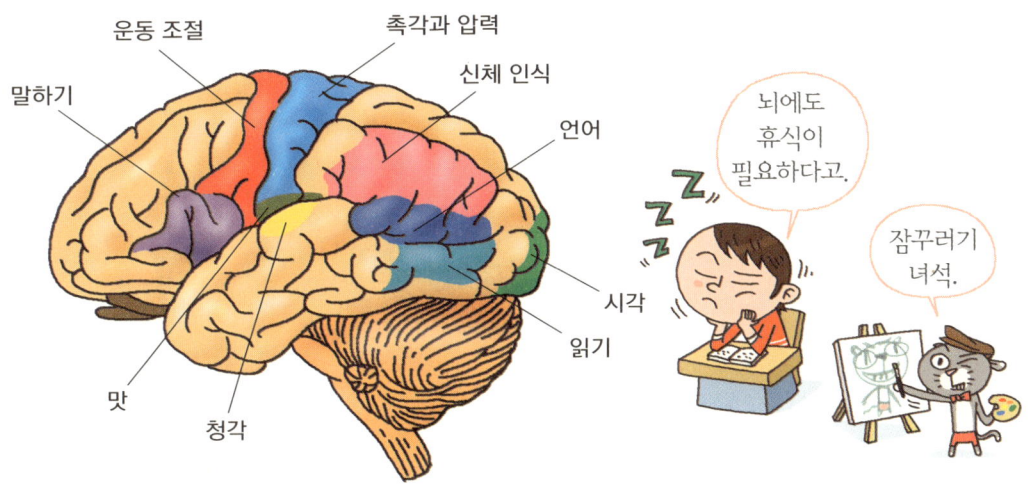

위 그림은 사람의 뇌를 왼쪽 귀 방향에서 바라본 거예요. 대뇌의 겉 부분을 '피질'이라고 하는데, 피질에서는 그림에 표시된 것과 같은 일을 나눠서 합니다. 운동을 담당하는 부분, 말하기를 담당하는 부분, 시각과 미각을 담당하는 부분 등 대뇌는 일을 나눠서 하는 특징이 있어요.

사람의 뇌는 좌뇌와 우뇌로 구분할 수 있습니다. 좌뇌는 언어 능력이나 생각하는 힘, 즉 사고력과 관계가 있다고 알려졌어요. 이와 달리 우뇌는 공간 지각 능력이나 예술 감각을 담당하는 것으로 알려졌고요. 그래서 좌뇌가 발달한 사람은 생각하는 힘이 뛰어나고, 우뇌가 발달한 사람은 창조력이 뛰어난 경향이 있답니다. 여러분은 어느 쪽 뇌가 발달한 것 같나요?

 **느끼고 움직이게 하는 대뇌**

뇌가 없다면 우리는 아무것도 볼 수 없을 거예요. 물론 눈이 없어도 세상을 볼 수 없지만요. 우리는 보통 '눈으로 본다.'라고 말합니다. 주위의 모습이 눈을 통해서 우리가 알 수 있는 신호로 바뀌기 때문이에요. 하지만 눈과 뇌 가운데 어느 한 가지만 있다면 우리는 세상 무엇도 볼 수 없을 거예요. 그러니 눈으로 본다는 말은 맞는 표현이기도 하고, 틀린 말이기도 하답니다.

여러분은 아마 셀 수 없이 많은 색을 볼 수 있을 거예요. 어떻게 그렇게 수많은 색깔을 볼 수 있을까요?

눈의 망막에는 색이라는 정보를 받아들이는 세포가 있습니다. 이 세포를 '원추세포'라고 부르는데, 원추세포에는 세 가지 종류가 있어요. 이 세 가지 세포가 망막에 도달하는 색의 종류에 따라 다르게 반응하죠. 이 반응이 뇌에 전달되고, 뇌가 이를 해석해서 색을 구분하는 거예요. 세 가지 세포가 색마다 서로 다르게 반응하기 때문에 우리가 수많은 색을 볼 수 있답니다.

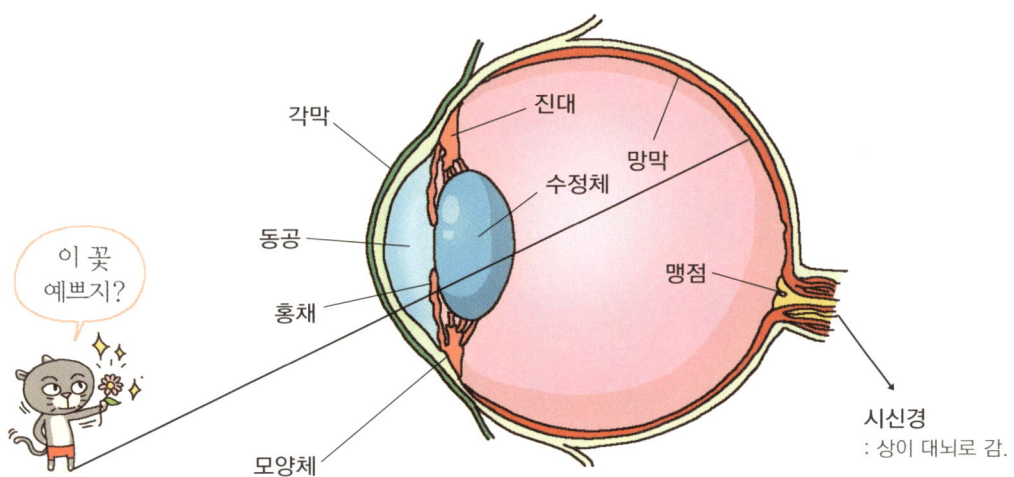

시신경
: 상이 대뇌로 감.

소리를 듣는 것에 대해서도 생각해 볼까요? 소리는 공기의 진동으로 생겨요. 공기가 진동하면 고막이 진동하고, 그 진동이 귓속의 청세포에 전달됩니다. 청세포에서 생긴 신호는 뇌로 전달되고요. 그러면 뇌가 '아, 이건 자동차 소리다. 저건 친구의 목소리다.' 하고 해석하는 거예요. 생각해 보세요. 여러분은 반 친구의 목소리를 거의 기억할 수 있죠? 이 밖에 냄새를 맡거나 맛을 보는 것, 피부로 느끼는 것도 대뇌가 담당한답니다. 우리에게 보고, 듣고, 냄새를 맡는 감각 능력이 있다는 것이 얼마나 신기한 일인지 몰라요. 이러한 능력을 가질 수 있는 것은 대뇌의 기능 덕분이죠.

한편 우리 몸을 움직이게 하는 것도 대뇌가 주로 담당한답니다. 몸이 움직이려면 대뇌의 명령을 전달하는 운동신경과 신호를 전달받아 움직이는 근육이 필요합니다. 여러분이 축구를 할 때 공을 친구에게 패스하는 과정을 떠올려 보세요. 먼저 대뇌에서 판단하고 명령을 하죠. '어느 방향으로 어느 정도 세게 차라.' 하고요. 그러면 그 명령이 운동신경을 통해서 다리 근육에 전달되는 거예요.

우리 몸의 움직임은 아주 정교합니다. 예를 들어 붓으로 그림을 그릴 때는 뇌가 거의 자동으로 판단해서 움직임을 조절해요. 방향, 강약 등을 매 순간 조절하죠. 그만큼 대뇌가 정밀하게 기능하는 거예요. 아직 사람처럼 자연스럽고 세밀하게 움직이는 로봇이 개발되지 못하는 것을 봐도 대뇌의 능력이 얼마나 뛰어난지 알 수 있어요.

운동에는 소뇌도 작용한답니다. 소뇌는 특히 중심을 잡는 것과 관련이 있어요. 중심을 잡는다는 것은, 근육이 알맞게 움직이고 있다는 거예요. 그런 무의식적인 운동을 소뇌가 담당합니다. 그러므로 대뇌와 함께 소뇌가 있어서 우리가 더 정교하게 움직일 수 있죠.

마음이 있는 곳

옛날 사람들은 심장이 마음에 있는 줄 알았다고 합니다. 심장이 멎으면 사람이 죽으니까 우리 몸에서 심장이야말로 중요한 곳이라고 생각했죠. 그래서 심장을 신비롭게 여겼고, 그곳에 마음이 있다고 생각했어요.

하지만 고대 그리스의 철학자 플라톤은, 마음은 뇌와 관계있다고 말했어요. 의학의 아버지라고 불리는 히포크라테스는 사람의 마음은 대뇌에서 만들어진다고 했고요. 이렇게 사람들은 그리스 시대부터 이미 마음이 뇌에 있다는 생각을 했습니다. 그러나 마음이 뇌에 있다는 것은 1800년대 이후에야 밝혀졌답니다. 해부학 발달로 뇌의 생김새가 잘 알려지고, 여러 가지 실험 결과가 나온 뒤에야 뇌가 마음에 있다는 것을 알게 되었어요.

만일 A라는 사람과 B라는 사람이 서로 뇌만 바꿨다고 해요. 과연 A의 마음은 B의 마음으로 바뀔까요, 그대로일까요? 마찬가지로 B의 마음은 그대로일까요, 아니면 A의 마음으로 바뀔까요?

몸은 A이지만 B의 뇌를 갖고 있다면, 그 사람은 B와 같은 마음을 갖게 될 거예요. 왜냐하면 마음은 자기가 경험한 것, 기억한 것, 성격 등과 관계가 있으니까요.

그러나 아직 뇌에 대해서는 알려지지 않은 것이 많아요. 뇌에 대해 모르니 마음의 신비에 대해서도 잘 모르죠. 과학이 더 발달해서 뇌의 모든 것이 밝혀지는 날이 온다면 마음에 대해서도 잘 알게 될 거예요. 아마도 여러분이 자라면 그런 시대가 오지 않을까요?

 **뇌간은 우리의 생명과 직결된다**

사실 사람의 뇌에서 대뇌를 제외한 부분은 다른 동물과 다를 바

없어요. 아까 말했듯이 대뇌가 언어나 사고력, 예술 감각 등과 관련된 역할을 하기 때문이죠. 하지만 생명을 유지하는 능력은 뇌간에서부터 온다고 했죠? 아무리 대뇌가 중요하다고 하지만, 생명을 유지하는 능력이 없다면 무슨 소용이 있을까요? 앞에서 대뇌를 다친 청년의 예를 통해 대뇌 일부를 다쳐도 살아남을 수 있다는 것을 알아보았어요. 하지만 뇌간을 다치면 더 이상 살 수 없을 거예요.

간뇌는 배고픔이나 갈증을 느끼게 하고 우리 몸속 물의 양이나 혈당량, 체온조절을 담당합니다. 그래서 '간뇌는 항상성을 담당한다.'라고 해요. 뿐만 아니라 간뇌는 수면, 성적 충동, 공포, 즐거움과 분노 등에도 관여한답니다.

그런가 하면 뇌간을 이루는 연수는 심장 박동, 호흡운동, 소화운동, 소화액 분비 등에 관여해요. 우리의 생명과 직결되는 뇌라고 할 수 있죠. 그리고 기침, 재채기, 하품 등을 조절하기도 하고요. 중뇌는 동공 반사, 안구 운동 등을 지시하고, 소뇌와 함께 몸의 평형을 조절한답니다.

여기서 한 가지 생각할 점은 뇌가 따로따로 일하는 것이 아니라는 거예요. 뇌는 서로 연결되어 있답니다. 그래서 한 곳의 정보가 다른 곳으로 전달되죠. 간뇌의 정보는 대뇌로, 대뇌의 정보는 간뇌로 전달되는 거예요. 예를 들어 볼까요? 우리가 무서운 영화를 보고 공포의 감정을 느낄 때 맨 처음 정보를 받아들이는 곳은 대뇌예요. 그러나 그 영향은 바로 다른 뇌에도 미치죠. 그 결과 소름이 끼치거나 혈압이 올라가기도 해요. 또 손에 땀이 나거나 눈동자가 커지고, 입에 침이 마르고 심장이 두근거리기도 하는 등 여러 가지 반응이 일어나는 것이랍니다.

 **소뇌는 자세를 바로잡는 곳**

소뇌는 자세 유지나 운동 기능과 관련이 깊어요. 소뇌가 없다면 자연스럽게 걷지 못할 뿐 아니라 중심을 잡고 서기도 어려울 거예요. 우리가 걸어 다닐 때 넘어지지 않는 것은 우리에게 균형을 느끼는 능력 말고도, 근육을 알맞게 움직일 수 있는 능력이 있기 때문이에요.

평균대 위에서 자세를 잡을 때 '이번에는 이 근육을, 다음에는 저 근육을 사용해야지.' 하고 생각하면서 자세를 잡지는 않죠? 걸어 다닐 때도 마찬가지예요. 반사적으로 근육을 움직이며 균형을 잡거나

걸어 다니죠. 이렇게 몸의 균형을 잡거나 운동하는 데는 소뇌가 중요한 역할을 해요. 새는 소뇌가 발달한 것으로 알려졌어요. 새가 전깃줄에서 떨어지지 않고 앉아 있는 것을 보면, 정말 소뇌가 발달한 것 같죠?

 **척수는 정보의 고속도로**

척수에서는 말초신경인 척수신경이 뻗어 나와요. 그래서 온몸의 정보가 척수를 거쳐서 뇌에 전달되고, 뇌의 명령이 다시 척수를 거

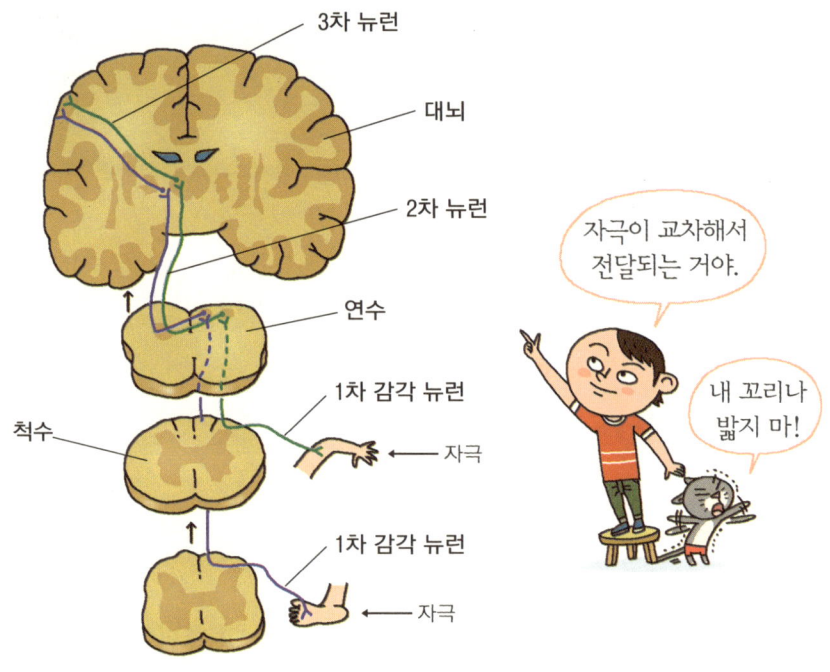

쳐 몸 구석구석까지 전달될 수 있어요. 척수는 신경의 고속도로인 셈이죠. 이 길에 이어진 말초신경이라는 조그만 길을 따라 정보가 오가는 거예요. 특이한 점은 피부로 들어온 자극이 대뇌로 전달될 때 왼손에 주어진 자극은 우뇌로, 오른손에 주어진 자극은 좌뇌로 전달된다는 거예요. 이런 현상이 일어나는 것은 위의 그림처럼 척수나 연수에서 자극이 교차해서 대뇌에 전달되기 때문이랍니다.

대뇌에서 근육을 조절할 때도 마찬가지로 신경의 교차가 일어나요. 그래서 대뇌의 우반구, 즉 우뇌는 신체의 왼쪽 부분 근육을 조절해요. 대뇌의 좌반구, 즉 좌뇌는 신체의 오른쪽 부분을 조절하고요. 그러므로 오른쪽 대뇌에서 혈관이 터져 출혈이 일어나면, 왼쪽 팔다리를 잘 움직이지 못하게 되죠. 그러면 왜 신경의 교차가 일어나는 것일까요? 거기에 대해서는 아직 분명한 답이 없답니다. 여러분 가운데 앞으로 그 답을 알아내는 친구가 있기를 기대해 볼게요.

말초신경은 신경의 작은 도로들

말초신경은 중추신경인 뇌와 척수에 뻗어 나간 신경이라고 했죠? 말초신경은 신경의 작은 도로들이라고 할 수 있어요. 이 도로를 따라 몸 구석구석에서 얻어지는 정보가 척수라는 고속도로를 타고 뇌로 전달됩니다. 또한 뇌의 명령이 온몸으로 퍼져 가는 것도 말초신경 때문이에요. 말초신경은 크게 '뇌신경'과 '척수신경'으로 구분해요. 말초신경이 뇌에 연결되면 뇌신경, 척수에 연결되면 척수신경이라고 한답니다.

말초신경 가운데 자율신경이 있어요. 자율신경은 우리의 의지에 따르지 않고 자율적으로 조절되는 신경을 말해요. 예를 들어 심장이 두근거린다든가, 소화운동을 한다든가 하는 것은 자율신경의 작용로 조절되는 거예요. 자율신경은 뇌신경과 척수신경 모두에 분포한답니다.

흔히 뇌신경, 척수신경, 자율신경을 혼동할 때가 있어요. 뇌신경과 척수신경은 교실에서 분단을 나누는 것처럼 구조에 따른 분류예요. 반면 자율신경이나 체성신경 등으로 나누는 것은 기능에 따른 분류입니다. 1분단에 앉는 학생들 중에는 학습부도 있고 체육부도 있죠? 이처럼 뇌신경에도 자율신경이 포함되어 있고, 척수신경에도 자율신경이 있는 것입니다.

자율신경은 크게 교감신경과 부교감신경으로 나눠요. 이 두 신경은 하나의 기관에 작용할 때 서로 반대되는 기능을 나타내죠. 예를 들어 교감신경은 심장 박동을 촉진하는데, 부교감 신경은 억제해요. 흔히 교감신경은 운동을 촉진시킨다고 기억하기 쉬운데, 꼭 그렇지는 않습니다. 예를 들어 소화운동을 촉진하는 것은 교감신경이 아니고 부교감신경이에요. 이 두 신경의 기능을 구분하는 것은 의외로 쉬워요. 교감신경의 기능을 먼저 생각하면 되거든요. 교감신경은 '싸우거나 도망치는 데' 작용해요. 싸우거나 도망칠 때는 우리 몸이 긴장해 있죠?

 예를 들어 산길을 가다가 호랑이를 만나면 정말 놀랍고 무섭겠죠? 이럴 때 몸에서 어떤 변화가 생길지 생각해 보세요. 심장이 뛰고, 혈압이 올라가고 동공이 커질 거예요. 동공이 왜 커지느냐고요? 호랑이를 잘 보기 위해서죠. 또 입안에 침이 마르고 등에서는 식은땀도 날 거예요. 이 모든 증상은 교감신경이 작용하기 때문에 생기는 것이랍니다.

 반면 부교감신경은 반대로 기능해요. 긴장된 몸을 원래대로 만드는 기능을 한다고 생각하면 돼요. 이렇게 교감신경과 부교감신경이 서로 반대되는 기능을 하며 한 기관을 조절하는 것을 '길항적 조절'이라고 한답니다.

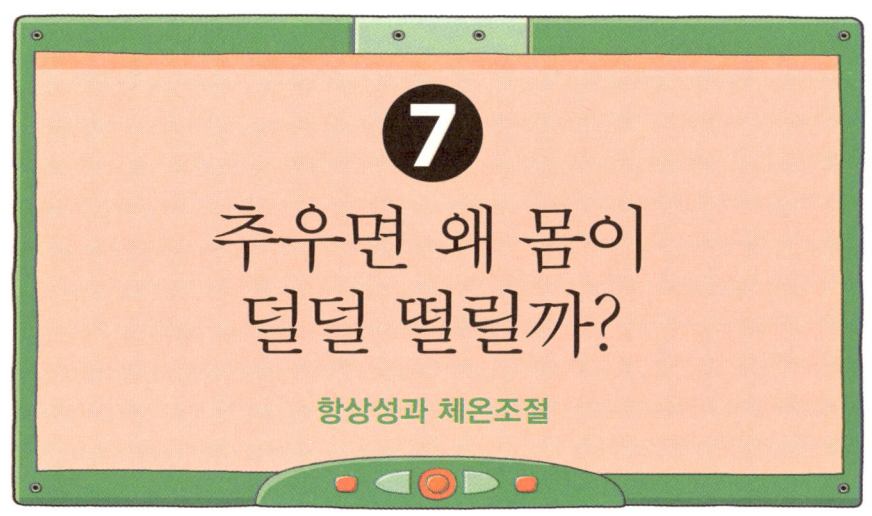

7
추우면 왜 몸이 덜덜 떨릴까?

항상성과 체온조절

물고기를 손으로 만져 보면 차가운 느낌이 날 거예요. 물고기는 스스로 체온을 조절하는 능력이 없거든요. 그래서 물고기의 체온은 주위 온도에 따라 변하죠. 물고기뿐 아니라 개구리나 뱀 같은 동물도 체온을 조절하는 능력이 없어요. 뱀은 추운 날씨에는 몸을 덥히려고 양지바른 바위에서 햇볕을 쬐기도 해요. 또 개구리는 겨울잠을 자기도 하고요. 겨울에는 몸이 너무 차가워져서 활동할 수가 없거든요. 이렇게 스스로 체온을 조절하지 못하는 동물을 '변온동물'이라고 합니다.

집에서 강아지나 고양이를 키우는 친구들도 있죠? 고양이나 강아지를 품에 안으면 따뜻한 체온이 느껴질 거예요. 고양이나 강아지는 체온을 일정하게 조절할 수 있는 동물들입니다. 그래서 '정온 동물'이라고 부르죠.

건강한 사람의 체온은 36.5℃로 항상 일정합니다. 우리 몸은 이렇게 체온을 일정하게 유지하려고 날씨가 더워지면 땀을 흘리거나, 추워지면 영양소를 더 많이 분해하고 몸이 떨리기도 해요. 그런데 날씨가 추워지면 왜 몸이 떨리는 걸까요?

? 추울 때 몸이 덜덜 떨리는 이유는 무엇 때문일까?

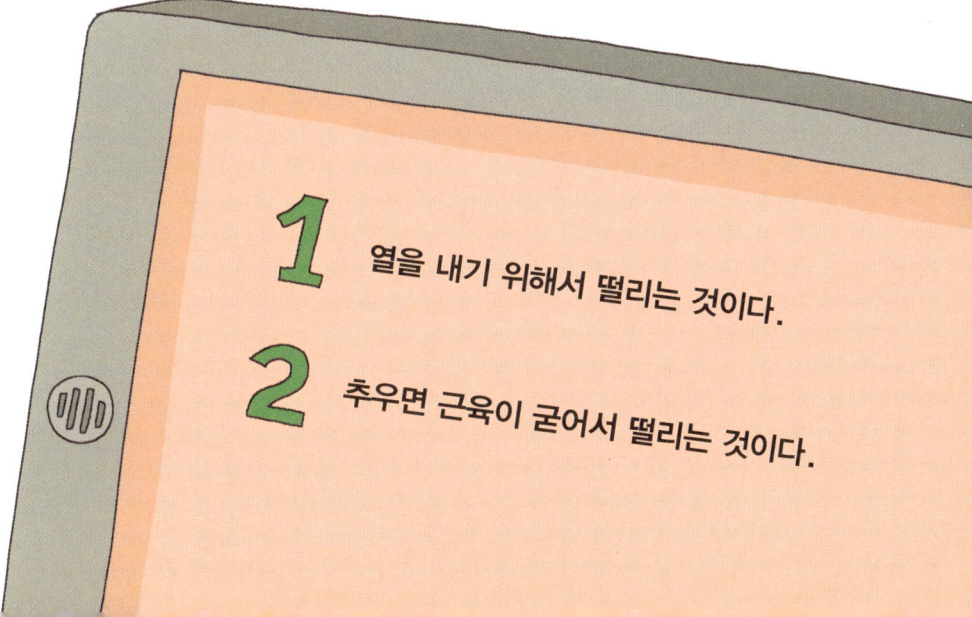

몸의 기능을 유지하는 항상성

우리 몸의 내부 상태는 간뇌가 조절한다고 했어요. 간뇌는 몸속 상태를 조절하는 중앙 통제소라고 할 수 있죠. 체온이나 혈당량이 일정한 것도 간뇌의 조절 덕분이랍니다. 그런데 이런 조절 기능을 하려면 연락 수단이 필요해요. 간뇌가 몸의 상태를 알아채서 어떤 기관에 '이런 일 좀 해라.' 하고 연락할 수 있는 장치가 필요한 거예요. 그렇다면 간뇌는 어떤 수단을 가지고 인체의 내부 상태를 조절할까요?

바로 호르몬이랍니다. 우리 몸은 앞에서 이야기한 신경 말고도 호르몬이라는 연락 수단을 가지고 있어요. 신경이 전화라면 호르몬은 편지와 같다고 할 수 있죠. 간뇌가 호르몬 분비를 조절하는 방식에는 세 가지가 있답니다. 하나는 뇌하수체에 연락해서 뇌하수체가 다른 호르몬샘에게 연락을 전달하게 하는 방법이에요. 다른 하나는 자율신경을 통해 호르몬샘에게 연락하는 방법이 있고요. 그리고 간뇌가 직접 호르몬을 만들어서 연락하기도 하죠.

뇌하수체는 시상하부 아래에 있는 조그만 호르몬샘이에요. 간뇌가 몸의 상태를 조절하는 선장이라면, 뇌하수체는 부선장이라고 할

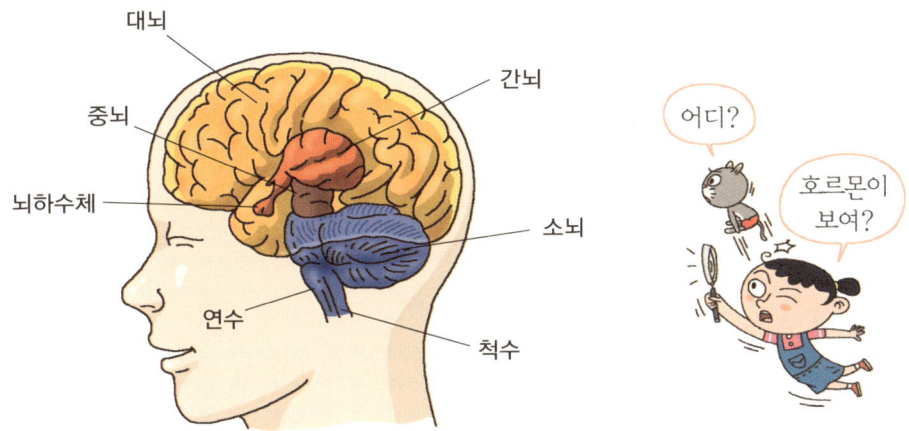

수 있답니다.

　우리 몸이 간뇌의 조절로 상태를 일정하게 유지하는 것을 좀 어려운 말로 '항상성'이라고 해요. 항상성은 항상 일정하게 유지되는 성질을 뜻합니다. 이 항상성은 호르몬이라는 연락 수단의 활동으로 나타난답니다.

 **호르몬은 세포가 보내는 편지**

　호르몬은 우리 몸에서 연락을 전달하기 위해 만들어지는 물질이

라고 했어요. 그래서 호르몬은 태어난 곳으로부터 다른 곳으로 가야만 하는 운명을 가지고 태어나죠. A라는 세포가 B라는 세포에게 연락을 전달해야 할 때 어떤 물질을 만들어서 보낸다면, 그 물질이 바로 호르몬이에요. 좀 전에 신경이 전화와 같다면 호르몬은 편지와 같다고 했는데, 그 이유는 무엇일까요?

아래 그림을 보세요. (가)는 신경의 연락을 나타내고 (나)는 호르몬의 연락을 나타내요. (가)에서는 연락하려는 세포가 길게 늘어나 있는 것을 볼 수 있죠. 신경세포의 모습은 이렇게 길게 늘어나 있고,

길게 늘어난 부분을 축색돌기라고 부른다고 했죠?

(나)에서는 세포 사이의 거리가 멀어요. 그래서 호르몬, 즉 화학 물질을 내보내죠. 화학 물질이 도착한 세포에서는 무언가 반응을 할 거예요. 그런데 A에서 나온 호르몬이 어떻게 B로 갈까요?

바로 혈액을 타고 갑니다. 호르몬을 만드는 세포는 혈액을 통해 호르몬을 내보내는 거예요. 호르몬은 마치 강물에 띄운 편지처럼 혈액 속을 흘러간답니다. 호르몬은 호르몬샘에서 만들어져요. 우리 몸에는 여러 가지 호르몬샘이 있는데, 각각 다른 호르몬을 만들죠. 그래서 어떤 호르몬샘에서 나오는 호르몬으로부터 연락을 받느냐에 따라 세포가 하는 일이 달라진답니다.

몸이 무엇인가 일을 하려 할 때는 그에 해당하는 호르몬을 만들어서 혈액으로 내보내요. 호르몬은 온몸을 순환하는 혈액을 타고 몸 구석구석까지 갈 수 있습니다. 우체부가 들고 가는 편지가 집집마다 배달되는 것처럼 말이죠. 호르몬샘에서 만들어지는 호르몬은 각자 가려고 하는 세포가 정해져 있답니다. 어떤 호르몬은 몸에 있는 거의 모든 세포에게 연락하지만, 어떤 호르몬은 일부 세포에게만 연락하기도 해요. 그런데 호르몬이 어떻게 세포를 찾아가는 걸까요? 이제부터 그 방법을 알아보기로 해요.

 ## 호르몬이 세포를 찾는 방법

혈액으로 분비된 호르몬이 연락하려고 하는 세포나 기관을 각각 '표적 세포', '표적 기관'이라고 합니다. 호르몬은 어떻게 세포나 기관을 찾아갈 수 있을까요?

TV를 예로 들어 생각해 보기로 해요. TV 방송국에서 전파를 발사하면, 전파는 공중으로 퍼져 나갑니다. 이때 전파는 TV가 어디 있는지 알지 못한 채 그저 공중으로 퍼지는 거예요. 그러다가 그 전파의 주파수를 받아들이는 TV에 수신되죠. 전파가 TV를 찾아가는 것이 아니라, 주파수에 채널을 맞춘 TV가 전파를 받아들이는 것입니다. 그러므로 방송국을 출발한 전파는 그 전파의 주파수를 수신하는 TV에만 작용할 수 있죠.

호르몬도 마찬가지랍니다. 호르몬샘을 출발해서 혈액을 타고 정처 없이 떠돌던 호르몬은, 자신을 알아보는 세포에만 작용한답니다. 자기의 이름을 불러 주는 세포에만 작용한다고나 할까요?

세포에는 원하는 호르몬을 받아들이는 장치가 있어요. 마치 TV에 전파를 받아들이는 장치가 있듯이 말이에요. 이 장치를 어려운 말로 '수용체'라고 불러요. 이 수용체는 세포막이나 세포 안에 있어요. 세포는 자신의 수용체와 맞는 호르몬이 도착하면, 수용체를 이용해서 그 호르몬을 받아들이는 거예요. 좀 어렵나요? 아래 그림을 보면 좀 더 쉽게 이해할 수 있을 거예요.

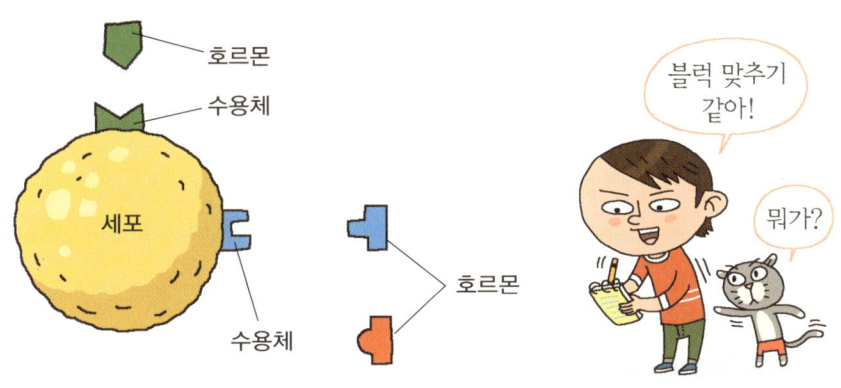

수용체가 호르몬을 받아들이면 세포는 그 호르몬의 연락에 따라 일하기 시작해요. 호르몬의 종류에 따라 세포는 다른 일을 하게 된답니다. 받아들이는 주파수에 따라 TV에 다른 화면이 나오듯이 말이에요. 우리 몸은 a라는 호르몬이 나오면 a'라는 일을, b라는 호르몬이 오면 b'라는 일을 하죠. 온몸으로 호르몬을 순환시키려면 호르몬이 많이 필요할 거라고 생각할 수도 있어요. 하지만 호르몬은 아주 적은 양만 분비된답니다. 호르몬은 적은 양으로도 큰 영향력을 발휘할 수 있는 물질이거든요.

 **인슐린은 혈당량을 조절하는 호르몬**

항상성을 설명할 때 가장 많이 이야기하는 것 가운데 하나가 혈당량 조절이에요. '혈당량'이란 혈액 속에 포함된 포도당 농도를 가리켜요. 1장에서 녹말이 분해될 때 포도당이 생긴다고 했죠?

먼저 혈액 속의 포도당량이 왜 일정하게 유지돼야 하는지부터 생각해 보기로 해요. 포도당은 세포의 연료, 세포의 밥이랍니다. 포도당은 혈액을 통해 온몸의 세포로 공급돼요. 혈액이 세포의 밥을 날라다 주는 셈이죠. 만일 혈액에 포도당이 부족하면 세포는 배가 고파질 거예요. 다시 말하면 에너지를 내기 위한 연료가 부족해지는 것이죠. 세포에서 에너지를 많이 만들어 내지 못하면 우리 몸이 힘을 낼 수 없겠죠? 그래서 밥을 굶으면 힘이 없어지는 거예요.

그런데 혈액에 포도당이 너무 많아도 좋지 않답니다. 포도당 때문에 혈액의 농도가 올라가서 여러 가지 부작용이 생길 수 있거든요. 또 혈액의 포도당 농도가 높다는 것은, 세포가 포도당을 잘 받아들이지 못한다는 뜻이기도 합니다.

좀 어렵나요? 이해를 돕기 위해 예를 들어 볼게요. 수업 시작종이 쳤는데 교실 문이 안 열린다고 생각해 봐요. 복도에 학생들이 많이 돌아다니고, 수업이 제대로 안 되겠죠? 이와 마찬가지로 세포에도 포도당이 들어가는 문이 있어요. 그런데 포도당이 오더라도 그 문이 잘 안 열리면 포도당은 혈액에 남아 있게 될 거예요. 따라서 포도당이 혈액에 계속 많이 남아 있다는 것은, 포도당이 세포로 잘 들어가지 못하는 것이랍니다. 그래서 우리 몸은 혈당량을 일정하게 유지하려고 하죠. 자, 그러면 어떻게 혈당량을 조절할까요?

혈당량 조절 역시 호르몬의 연락으로 이루어진답니다. 그 호르몬은 이자에서 만들어지고요. 먼저 높아진 혈당량을 낮추는 원리에 대해 생각해 봅시다. 우리가 먹는 밥이나 빵의 주성분은 녹말입니다. 그래서 식사를 하면 혈당량이 올라가요. 녹말이 소화되고 나면 포도당이 생기고, 그 포도당이 흡수된 뒤에 일단 혈액으로 들어가기 때문이에요.

혈당량이 높아지면 이자에서는 '인슐린'이라는 호르몬을 분비합니다. 인슐린이 하는 일은 세포에게 포도당이 들어가는 문을 열라고 신호를 주는 거예요. 즉, 인슐린이 세포로 가서 초인종을 누르는 것이죠. 세포마다 호르몬의 신호를 받는 수용체가 있다고 했는데, 바로 이 수용체가 초인종 역할을 한답니다. 인슐린은 모든 세포로 가지만, 특히 간세포에게 연락을 많이 해요. 간이 바로 포도당의 창고거든요. 밥을 먹어서 몸속에 포도당이 많이 들어오면 인슐린이 간으로 가서 초인종을 누르죠.

앞에서 호르몬을 편지라고 했었죠? 인슐린은 이자가 간세포에게 쓰는 편지라고 볼 수 있답니다. 아마 이런 편지를 쓰지 않을까요?

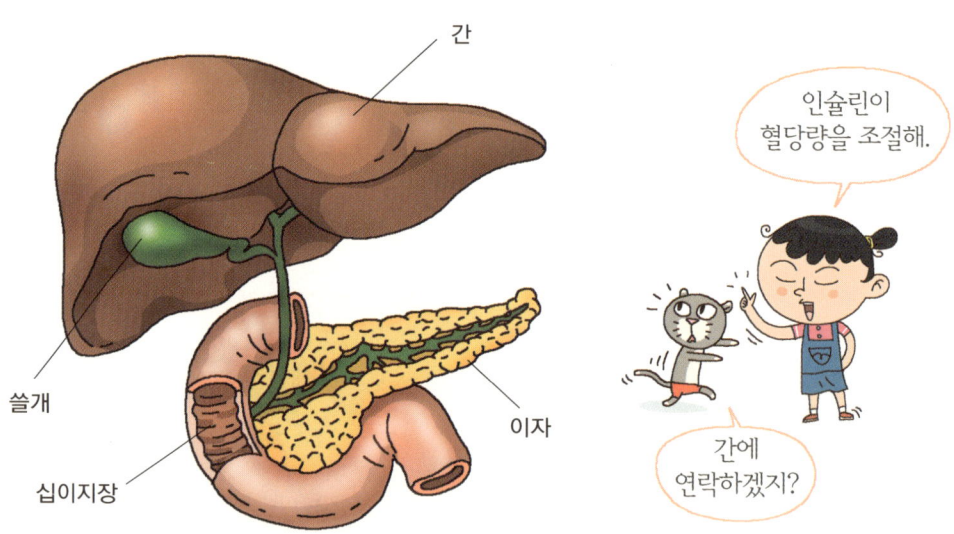

154

나의 친구 간에게

지금 나영이가 밥을 먹어서 혈관에 포도당이 많이 돌아다니고 있어.
포도당이 들어갈 수 있도록 네가 문을 열어 주고, 포도당을 저장하렴.

이자 씀.

포도당이 간세포로 들어가면 '글리코겐'이라는 물질로 저장된답니다. 글리코겐은 글리코젠이라고도 하는데, 녹말과 생김새가 거의 같은 탄수화물이에요. 식물의 녹말, 동물의 글리코겐이 포도당을 저장하는 물질이에요.

혈당량이 항상 높은 병을 당뇨병이라고 합니다. 요즘에는 이 병에 걸리는 어린이가 많다고 하니 알아 두는 것이 좋을 것 같네요. '당뇨병'이란, 혈당량이 잘 낮춰지지 않아서 혈액에 포도당이 항상 많은 병이에요. 그 결과 오줌으로 포도당이 나가는 병이죠. '당뇨(糖尿)'란 오줌에 포도당이 들어 있어서 단맛이 나는 오줌이라는 뜻이에요. 그런데 당뇨병 환자의 혈당량은 왜 항상 높게 유지되는 것일까요?

인슐린과 관련된 당뇨병의 원인은 두 가지가 있어요. 하나는 인슐린이 잘 분비되지 못하는 경우에요. 인슐린이 세포로 와서 포도당 문의 초인종을 누르지 않으니까 포도당이 그냥 혈액 속에 남아 있는 거예요. 다른 한 가지는, 인슐린은 잘 분비되는데 세포가 인슐린의 연락을 잘 받아들이지 못하는 거예요. 마치 우리가 엘리베이터를 탔을 때 가려고 하는 층의 버튼이 고장 났거나 없는 것과 비슷하다고나 할까요?

당뇨병에 걸리면 우선 오줌 양이 많아져요. 이럴 때 '포도당이 물을 데리고 나간다.'라는 표현을 쓰기도 해요. 오줌 양이 많아지면 결국 몸에 물이 부족해지고 심하게 목이 마릅니다. 그래서 당뇨병에 걸리면 물을 많이 먹게 돼요. 그리고 세포로 포도당이 잘 들어가지 못해서 세포는 배가 고파지죠. 세포 밖에는 포도당이 많은데, 세포 안에는 포도당이 없는 '풍요 속의 배고픔' 상태가 되는 거예요. 그 결과 우리 몸에서는 더 많은 영양소를 섭취하기 위해 식욕이 증가합니다. 당뇨병의 증상을 요약하자면 오줌을 많이 누고, 물을 많이 마시고, 식욕이 증가한다는 거예요.

당뇨병은 이처럼 겉으로 드러나는 증상으로 진단할 수 있지만, 문제가 되는 것은 몸 안에서 생기는 부작용이에요. 바로 당뇨병이 세포에 미치는 영향이 더 큰 문제를 일으키죠. 당뇨병에 걸리면 세포의 에너지가 부족해집니다. 추운 겨울에 땔감이 없는 것과 같다고 할 수 있어요. 그래서 세포는 저장된 에너지인 지방을 분해해서 에너지원으로 삼아요. 그래도 에너지가 부족하면 세포 자신의 몸을 이루는 지방이나 단백질을 분해해서 이용해요.

땔감이 없다고 지붕을 걷거나, 마루를 떼어내서 땔감으로 쓴다면 그 집은 무너질 수밖에 없겠죠? 마찬가지로 당뇨병에 걸리면 세포가 점점 약해져요. 그래서 몸도 야위어 가고 기력이 없어질 뿐 아니라, 여러 부작용이 나타나는 거예요. 신장이나 혈관이 손상되기도 하고, 눈이 보이지 않는 등 당뇨병의 해로움은 아주 다양합니다. 꾸준히 운동하고 균형 잡힌 식사를 하는 것이 당뇨병 예방에 중요하다고 하니, 여러분도 달고 기름진 음식은 너무 많이 먹지 않도록 하세요. 친구들과 신 나게 뛰놀기도 하고요.

밥을 먹은 지 오래되면 배가 고프죠? 배가 고프다는 것은 혈당량이 낮아졌다는 신호이기도 합니다. 그러면 이자에서는 글루카곤이라는 호르몬을 분비하죠. 이 호르몬이 간으로 가서 저장된 포도당을 밖으로 내보내라는 신호를 줘요. 그래서 세포에 포도당이 부족하지 않을 수 있답니다.

 **체온의 조절**

항상성의 또 다른 예로 체온조절이 있어요. 사람의 체온은 보통 36.5℃를 유지해요. 이처럼 체온을 일정하게 유지할 수 있는 것은 몸에 두 가지 능력이 있기 때문이에요. 그게 무엇일까요?

바로 체온을 감지하는 것과 체온을 조절하는 기능입니다. 체온의 감지와 조절은 간뇌를 통해서 일어나요. 간뇌는 체온이 낮아진다 싶으면 연락망을 가동하죠. 일상생활에서 우리는 날씨가 추워지면 창문을 닫아서 열 손실을 줄이고, 난로를 피우거나 보일러를 돌려서 집 안을 훈훈하게 합니다. 마찬가지로 우리 몸도 체온이 내려가면 열이 나가는 양을 줄이고, 열을 많이 만들죠. 먼저 열 방출량을 줄이는 방법에는 무엇이 있을까요?

바로 피부밑에 있는 혈관을 수축시키는 거예요. 피부혈관이 수축되면 피부 아래로 혈액이 적게 지나가서 열이 덜 빠져나가거든요. 이번에는 몸에서 열을 많이 내는 방법을 생각해 보기로 해요. 추워지면 몸이 덜덜 떨리죠? 그 이유는 바로 근육을 움직이면 열이 나기 때문이랍니다. 세포에서 열 발생량을 늘리는 것은 우선 '티록신'이라는 호르몬이 담당해요. 이 호르몬은 목에 있는 '갑상선'이라는 호

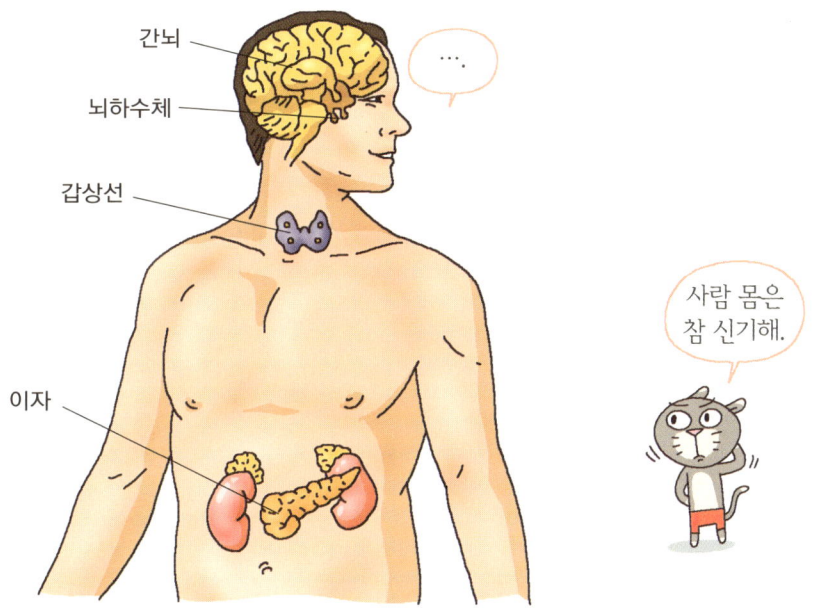

르몬샘에서 나와요. 티록신은 각 세포로 가서 "불을 때라." 하고 알려 줍니다. 세포에서 불을 땐다는 것은 바로 포도당을 분해해서 에너지를 얻는 거예요. 한편, 영양소를 분해하는 데는 산소가 필요해요. 그래서 티록신은 세포의 산소 소비량을 높이는 성질이 있어요.

여러분 '천고마비(天高馬肥)'라는 사자성어 들어 봤죠? 하늘이 높고 말이 살찐다는 뜻으로, 가을철을 이르는 말이에요. 가을에 식욕이 늘어나는 것을 빗대어 많이 쓰는 말이지요. 가을에 식욕이 늘어나는 이유 중의 하나가 바로 날이 선선해지면서 티록신의 분비량이 증가하기 때문이랍니다. 그래서 영양소의 분해가 늘어나고, 인체는 더 많은 영양소를 요구하게 되는 거예요. 이런 티록신이 지나치게 많이 분비되면 어떤 증상이 나타날까요?

티록신이 너무 많이 분비되면 세포에서 포도당을 필요 이상으로 분해합니다. 주 연료인 포도당만 분해하는 것이 아니라 에너지를 얻기 위해, 세포를 이루는 단백질이나 지방까지도 분해해요. 그 결과 몸이 점점 마르게 되죠. 또한 맥박도 빨라지는데, 가만히 있어도 맥박이 150회 정도나 뛰기도 합니다. 정상인의 2배 정도로 맥박이 빠르게 나타나는 때도 있어서 환자가 매우 불안해한다고 해요. 또한, 체온이 올라가서 남들은 다 춥다고 하는데 별 추위를 느끼지 못하는 경우도 생기고요. 이런 증상을 '바제도병'이라고 합니다.

반면 티록신이 적게 분비되는 경우도 있어요. 어릴 적에 티록신 부족하면 성장이 제대로 일어나지 않을 뿐 아니라 지능이 낮아지는 '크레틴병'에 걸려요. 그런가 하면 어른이 되어 성장이 멈춘 뒤에 갑상선 기능이 나빠지면 우선 힘이 없어집니다. 갑상선에서 분비되는 티록신은 에너지를 내도록 하는 호르몬이니까요. 그래서 무기력해지고, 추위에 견디기 힘들어지죠. 또한 피부가 거칠어지며, 맥박이 느려져요.

이렇게 호르몬이 많이 분비되거나 적게 분비되면 우리 몸에 이상이 생깁니다. 호르몬이 많이 나오면 세포가 필요 없는 일을 하고, 호르몬이 적게 나오면 세포가 필요한 일을 제대로 하지 않아서 문제가 일어나는 것이죠. 세포가 서로 연락을 잘해야 우리가 건강을 유지할 수 있답니다.

한편 추울 때 몸이 떨리는 것과 반대로 날씨가 더워지면 땀이 나죠? 땀은 몸을 식혀 주는 좋은 방법이랍니다. 날씨가 더워지면 식욕이 떨어지는데, 몸이 에너지를 많이 필요로 하지 않아서 그런 거예요. 열을 내게 하는 호르몬인 티록신의 양이 줄기도 하고요. 참, 피부 아래에 있는 혈관은 어떻게 될까요?

혈관이 넓어져서 혈액이 많이 흐르게 되고, 열을 많이 방출해요. 더운 목욕탕에 한참 있으면 얼굴이 붉어지는 것도 바로 열을 내보내기 위해 혈관이 확장되었기 때문이에요. 그러고 보니 혈관은 좁아지기도 하고 넓어지기도 하네요. 우리 몸은 이렇게 주위 온도에 맞춰 적응하는 능력을 가지고 있지요. 이처럼 몸에서 상태를 일정하게 유지하려는 성질이 항상성이라는 것을 기억해 두세요.

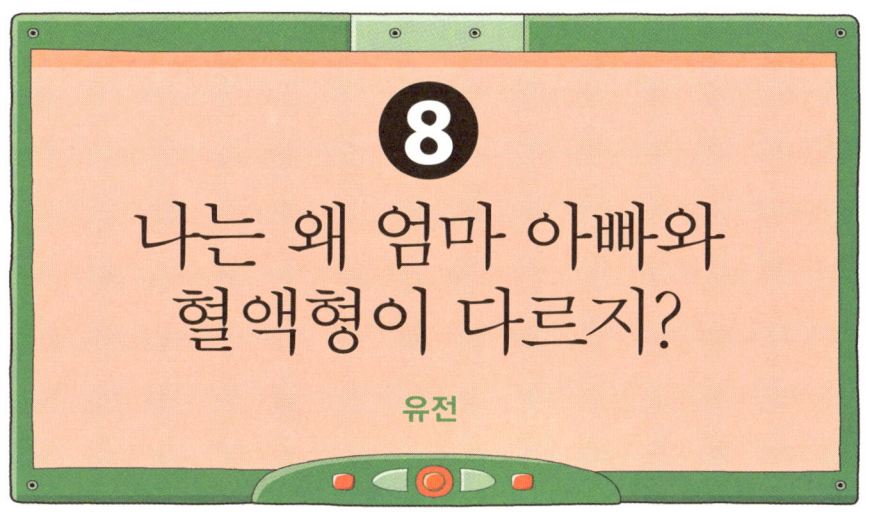

8
나는 왜 엄마 아빠와 혈액형이 다르지?

유전

여러분 '콩 심은 데 콩 나고 팥 심은 데 팥 난다.'라는 속담을 들어 본 적이 있죠? 이 속담처럼 생물은 이 세상에 자기와 같은 종류의 생물을 남기고 죽어요. 같은 종류의 자손을 남길 뿐 아니라, 자신의 모습을 닮은 자손을 남긴답니다. 그래서 자식은 피부색이나 키, 얼굴 생김새 등 부모의 모습을 많이 닮죠.

여러분도 엄마나 아빠와 생김새를 비교해 보면 아주 많이 닮았다는 것을 느낄 수 있을 거예요. 친구네 집에 가 보면, 친구가 부모님과 닮은 것을 알 수 있고요. 이처럼 사람도 자신과 닮은 자손을 낳습니다. 생물의 자식이 부모를 닮는 이유는 유전 현상 때문이에요. '유전'이란 부모의 특징이 자손에게 전달되는 것을 말합니다. 예를 들어 명수 아빠가 곱슬머리를 가지고 있을 때 명수도 곱슬머리인 것처럼요.

자, 그렇다면 부모와 자식의 혈액형은 어떨까요? 엄마의 혈액형이 A형이고 아빠의 혈액형이 B형일 때, 아이의 혈액형이 O형일 수도 있을까요?

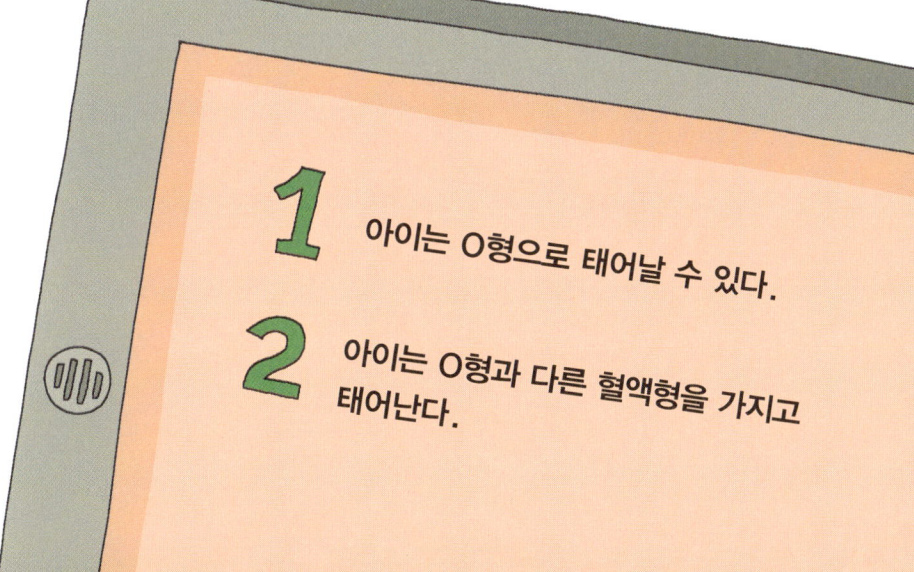

위대한 유전학자 멘델의 실험

유전의 원리는 오스트리아의 멘델이 밝혀냈어요. 멘델이 밝힌 원리는 오늘날 눈부신 유전공학 발달의 기초가 되었답니다. 멘델은 원래 수도원의 신부님이었지만 과학 교사이자 유전학자이기도 했어요. 그가 수도원 뜰에 완두를 심어서 유전의 법칙을 연구했다는 것은 참 유명한 이야기죠. 멘델은 시골에서 살았기 때문에 식물을 심고 가꾸는 일에 익숙했고, 완두의 특징에 대해서도 잘 알고 있었습니다.

멘델은 19세기 중반에 완두를 연구해서 몇 가지 법칙을 발견했어요. 하지만 당시 사람들은 멘델의 업적을 인정하지 않았습니다. 멘델의 연구가 너무 새로운 것이라서 사람들이 잘 이해하지 못했던 것 같아요. 그러다가 약 150년이 지나서야 그의 발견이 얼마나 위대했는지가 밝혀졌죠. 도대체 멘델이 어떤 유전 원리를 발견했냐고요? 이 이야기는 좀 어려울 수 있으니 잘 들어 보세요.

완두에는 보라색 꽃 완두와 흰색 꽃 완두가 있어요. 멘델은 먼저 이 두 가지 꽃 완두에서 순종을 얻었습니다. 어떻게 순종을 얻었을까요?

보라색 꽃 완두를 교배해서 계속 보라색 꽃 완두만 나오면 그 완두는 보라색 꽃을 피우는 순종이고, 흰색 완두를 계속 교배하여 흰색 꽃 완두만 나오면 흰색 꽃의 순종이죠. 여기서 '교배'란 꽃가루를 암술에 묻혀서 씨가 생기게 하는 것을 말해요.

멘델은 순종 보라색 꽃 완두와 순종 흰색 꽃 완두를 교배했어요. 그리고 여기서 얻은 씨가 자라서 꽃이 필 때, 완두 꽃이 어떤 색을 갖는지 관찰했죠. 그런데 보라색 꽃 완두와 흰색 꽃 완두를 교배하여 얻은 씨에서는 보라색 꽃 완두만 나왔어요. 멘델은 그 이유가 궁금해졌습니다.

멘델의 실험은 여기서 그치지 않았어요. 이번에는 순종 보라색 꽃 완두와 순종 흰색 꽃 완두를 교배해서 얻은 잡종 보라색 꽃 완두끼리 교배해 보았죠.

그 결과 신기하게도 보라색 꽃 완두와 흰색 꽃 완두가 모두 나왔어요. 즉, 흰색이 다시 나타난 거예요.

멘델의 창의적인 생각

멘델은 실험을 통해 다음과 같은 두 가지 사실을 알았어요.

> 1. 순종 보라색 꽃 완두와 순종 흰색 꽃 완두를 교배하면 보라색 꽃 완두만 나온다.
> 2. 이렇게 얻은 보라색 꽃 완두끼리 교배하면 보라색 꽃 완두와 흰색 꽃 완두가 모두 나타난다.

멘델은 어떻게 이런 결과가 나왔는지 설명하기 위해 고민했어요. 그 결과 몇 가지 새로운 생각을 해냈습니다. 멘델의 발견이 놀라운 이유는 그가 했던 실험보다는, 실험 결과를 설명하려고 생각해 낸 원리에 있답니다. 물론 그의 실험도 아주 훌륭한 것이었지만 말예요.

멘델은 우선 유전인자를 제안했어요. '유전인자'란 어떤 특징을 갖게 하는 정보라고도 할 수 있죠. 예를 들어 어떤 사람이 곱슬머리라면, 머리를 곱슬곱슬하게 하는 유전인자를 가지고 있는 거예요. 이 유전인자가 자손에게 물려져서 곱슬머리가 태어나고, 또 그다음 자손에게 물려지는 것입니다. 그러면 유전인자는 어떻게 자손에게 전달될까요? 바로 정자나 난자, 그리고 식물의 꽃가루나 암술의 밑씨 같은 생식세포를 통해서 전달됩니다.

멘델이 살던 시대에 사람들은 부모와 자식이 닮는 원리에 대해 잘 알지 못했어요. 그저 물감이 섞이듯 엄마와 아빠의 특성이 섞여서 자식이 태어난다고 생각했죠. 그러나 멘델은 유전인자가 있다고 제안했어요. 사람들이 알지 못했던 유전학 분야에 첫걸음을 내디뎠던 거지요. 자, 그러면 멘델이 실험 결과를 어떻게 설명해 냈는지 알아볼까요? 이제부터 좀 어려우니 잘 따라오세요.

멘델은 우선 순종 보라색 꽃 완두의 세포에는 보라색 꽃을 피우는 유전인자가 2개 있다고 생각했어요. 마찬가지로 순종 흰색 꽃 완두의 세포에는 흰색 꽃을 피우는 유전인자가 2개 있고요.

유전인자를 2개 갖는 이유는, 엄마 아빠로부터 하나씩 물려받았기 때문이에요. 그래서 멘델은 유전인자가 쌍으로 있다고 생각했죠. 이제 보라색 꽃을 피우는 유전인자를 R, 흰색 꽃을 피우는 유전

인자를 r이라고 표현하기로 해요.

　멘델은 보라색 꽃 완두와 흰색 꽃 완두를 교배했을 때 나오는 완두가 어떤 유전인자를 가졌다고 생각했을까요? 그는 보라색 꽃 완두를 만드는 유전인자 1개와 흰색 꽃 완두를 만드는 유전인자 1개를 가졌다고 생각했어요. 왜냐고요? 부모는 자식에게 쌍으로 있는 유전인자 가운데 하나만 전달한다고 여겼기 때문이죠. 바로 꽃가루

같은 생식세포를 통해서 유전인자가 전달된다고 생각한 거예요.

　이해를 돕기 위해 친구 셋이서 함께 할 수 있는 놀이를 소개할게요. 먼저 보라색 구슬 2개와 흰색 구슬 2개를 준비하세요. 이때 구슬이 유전인자를 의미해요. 그리고 이름표에 엄마 - 보라색 꽃, 아빠 - 흰색 꽃, 자식이라고 써서 각자 가슴에 붙이세요. 이제 엄마는 보라색 구슬 2개를 들고, 아빠는 흰색 구슬을 2개 들어요. 그런 다음

자식에게 각각 구슬을 하나씩만 주세요. 그러면 자식은 보라색 구슬 1개와 흰색 구슬 1개를 갖겠죠? 즉, 자식은 그림처럼 보라색 꽃 유전인자와 흰색 유전인자를 하나씩 받는 거예요.

그렇다면 보라색 꽃 유전인자와 흰색 꽃 유전인자를 하나씩 갖고 있는 완두의 꽃은 무슨 색일까요?

여기서 멘델의 창의적인 생각이 또 하나 등장해요. 이 실험에서 보라색 꽃의 잡종(Rr)은 유전인자 R과 r이 서로 달라요. 멘델은 이처럼 한 형질이 서로 다른 유전인자를 가질 때, 어느 한쪽만 나타나고 다른 하나는 드러나지 않는다고 생각했습니다. '형질'이란 생물의 모양이나 크기, 성질 같은 고유한 특징을 말해요. 즉, 유전인자가 Rr인 경우 보라색 꽃 유전자인 R만 나타나고, 흰색 꽃 유전자인 r은 숨어서 드러나지 않는다고 생각한 거예요. 그래서 순종 보라색 꽃 완두와 순종 흰색 꽃 완두를 교배해서 얻은 자손은 전부 보라색 꽃으로 나오는 것이죠.

멘델은 이렇게 해서 첫 번째 실험에 대한 의문을 설명했습니다. 유전에서 밖으로 드러나는 형질을 '우성', 감추어진 형질을 '열성'이라고 해요. 이 실험에서 나타난 현상을 설명하는 유전 원리를 '우열의 법칙'이라 하고요. 좀 어려운가요? 어려운 말이 나온다고 겁먹지 마세요. 곰곰이 생각해 보면 이해할 수 있을 거예요.

우열의 법칙이 항상 들어맞는 것은 아닙니다. 가끔 우성이 분명하지 않을 때가 있거든요. 예를 들어 분꽃은 붉은색과 흰색이 있는데, 순종 붉은색 분꽃(WW)과 순종 흰색 분꽃(ww)을 교배하면 분홍색 분꽃(Ww)이 나옵니다. 이렇게 자연에는 여러 가지 생물이 있어서 법칙에 맞지 않을 때가 있다는 것도 알아 두세요.

자, 이번에는 아까보다 조금 더 복잡한 놀이를 해 보기로 해요. 아까처럼 보라색 구슬 2개와 흰색 구슬 2개를 준비하세요. 그리고 이름표에는 엄마 - 보라색 꽃, 아빠 - 보라색 꽃, 자식이라고 써서 각자 가슴에 붙이세요. 이제 엄마와 아빠는 양손에 보라색 구슬과 흰색 구슬을 1개씩 들어요. 그런 다음 자식에게 각자 구슬을 하나씩만 주세요. 그런데 구슬을 하나씩만 주어야 하므로, 자식이 받는 구슬에는 다음처럼 세 가지 경우가 생겨요.

> 1. 엄마와 아빠 모두 보라색 구슬만 줄 때
> 2. 엄마 아빠 가운데 한 명은 보라색, 한 명은 흰색 구슬을 줄 때
> 3. 엄마와 아빠가 흰색 구슬만 줄 때

자, 이제 세 가지 경우 자식의 꽃 색깔을 말해 보세요. 1번은 보라색 꽃을 가지고 있어요. 2번에서는 우열의 법칙에 따라 보라색을 갖게 되고요. 3번은 흰색이 되죠. 이때 신기하게도 엄마, 아빠가 보라색 꽃인데 자식에게서 흰색 꽃이 나온다는 것을 알 수 있어요.

여기서 다시 생각해 볼 중요한 점은 엄마와 아빠가 자식에게 보라색 구슬이나 흰색 구슬을 하나만 준다는 거예요. 엄마가 가지고 있던 구슬 2개를 다 주지는 않았죠? 그러므로 엄마가 갖고 있던 흰

색 구슬과 보라색 구슬은 서로 헤어지게 되죠. 아빠가 가지고 있던 것도 마찬가지이고요. 이렇게 부모가 갖고 있던 유전자가 자손에게 전달될 때 서로 헤어지는 것을 '멘델의 분리법칙'이라고 한답니다. 헤어짐의 법칙이라고나 할까요?

이제 멘델의 실험으로 돌아가기로 해요. 보라색 꽃인 잡종 완두(Rr)끼리 교배할 때 각 완두꽃은 유전인자 R, 혹은 r을 1개씩 자손에게 줍니다. 그래서 하나의 꽃이 가지고 있던 R과 r은 자손에게 함께 전달되지 않고 분리되어 전달될 수밖에 없죠. 이러한 현상을 분리의 법칙이라고 했죠? 분리의 법칙에 따라 아래 그림처럼 세 경우가 생기는 거예요.

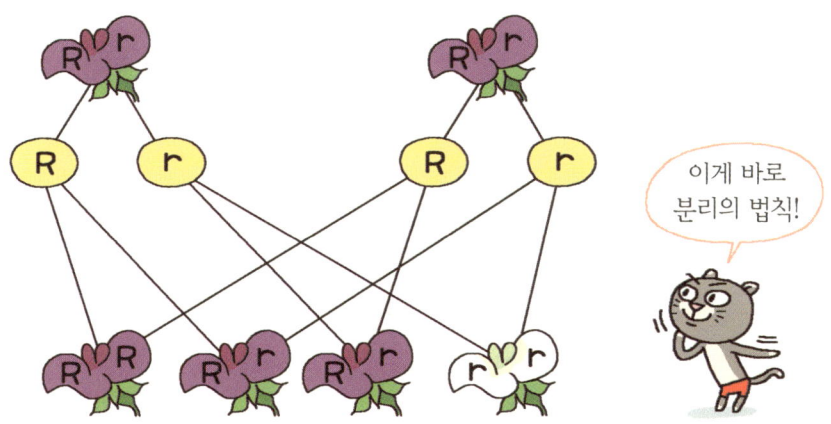

1. 유전자 RR을 가지는 자손

2. 유전자 Rr을 가지는 자손

3. 유전자 rr을 가지는 자손

이때 유전자 RR과 Rr은 보라색 꽃을 피우고, rr은 흰색 꽃을 피우게 되는 것입니다. 즉, 보라색 꽃 잡종끼리 교배하면 보라색 꽃과 흰색 꽃이 모두 나타나죠. 이렇게 하여 멘델은 실험 결과를 아주 명쾌하게 설명해 냈답니다. 그러면 이제 멘델의 유전법칙을 사람에게 적용해 볼까요?

 우성으로 나타나는 혀 말기 유전

멘델이 생각했던 유전인자는 오늘날 유전자로 불리죠. 그리고 이 유전자는 DNA라는 물질에 있답니다. DNA는 바로 핵 안에 있고요. 지금부터는 유전인자 대신 유전자라는 말을 쓸게요.

우리들의 생김새나 체질 등 형질은 많은 부분 유전에 따라 결정됩니다. 부모님이 물려준 유전자라는 정보에 따라 우리의 모습이 만들어지기 때문이죠. 자, 그러면 혀 말기 유전이 어떻게 일어나는지 알아볼까요?

혀 말기 유전자는 우성이에요. 혀 말기를 할 수 있는 남성과 혀 말기를 할 수 없는 여성이 결혼했을 때를 생각해 보기로 해요. 이 남성은 혀 말기 유전자를 2개(TT) 가지고 있고, 여성은 혀 말기를 할 수 없게 하는 유전자를 2개(tt) 가지고 있어요. 그러면 이들 사이에서 태어나는 아이는 어떨까요?

아빠가 아이에게 혀 말기를 할 수 있는 유전자(T)를 하나 주고, 엄마가 혀 말기를 할 수 없는 유전자(t)를 하나 줘요. 아이는 혀 말기와

177

관계된 유전자 T와 t를 갖게 되겠죠? 그러면 두 사람 사이에 태어나는 아이는 전부 혀 말기를 할 수 있게 된답니다. 아까 말했듯이 혀 말기 유전자가 우성이기 때문이죠.

여기서 한 가지 기억할 게 있어요. 유전에서 우성이 우수한 것은 아니랍니다. 우성인가 열성인가 하는 것은, 누가 우수하거나 열등한 것과는 아무런 관계가 없어요. 그러면 이번에는 유전자 T와 t를 하나씩 가지고 있는 여성과 남성이 결혼했다고 생각해 보세요. 양쪽 다 자손에게 유전자 2개 가운데 하나만 줄 거예요. 그러면 자손은 T만 2개(TT) 갖거나, T와 t를 하나씩(Tt) 갖거나, t를 2개(tt) 갖게 됩니다.

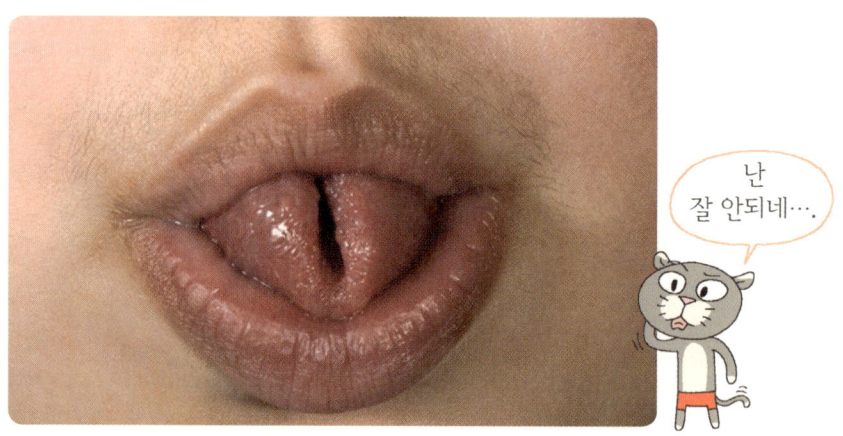

유전자 TT와 Tt를 가졌을 때는 혀 말기를 할 수 있고, tt를 가졌을 때는 혀 말기를 할 수 없겠죠? 혀 말기를 할 수 있는 부모 사이에서도 혀 말기를 할 수 없는 자손이 나타나는 거예요. 그러니까 엄마나 아빠의 형질을 닮지 않은 아이가 태어날 수도 있죠.

사람의 유전을 연구할 때 가계도를 이용하면 편리하답니다. 가계도에서 보통 남자는 사각형, 여자는 원으로 표시해요. 다음 가계도는 명수네 가계도예요. 아빠, 엄마 사이에 누나와 명수를 나타냈어요.

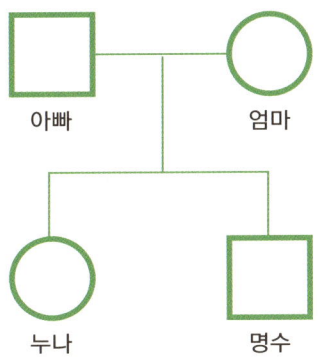

아빠와 엄마가 혀 말기를 할 수 있는데, 명수는 혀 말기를 할 수 없다고 가정해 봐요. 그리고 혀 말기를 할 수 없는 사람을 검게 칠한다면, 180쪽과 같은 가계도가 그려질 거예요.

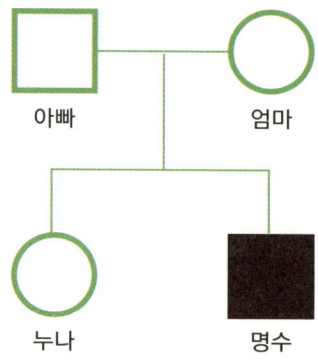

자, 그러면 가계도를 해석해 볼까요? 부모님이 혀 말기를 할 수 있는데 명수는 혀 말기를 할 수 없다면, 엄마 아빠는 어떤 유전자를 가지고 있을까요? 앞에서 배운 유전의 원리를 떠올리며 차근차근 이야기해 보세요.

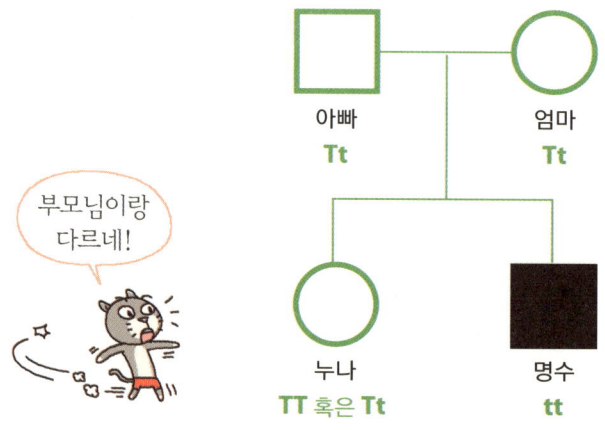

엄마와 아빠는 T와 t를 하나씩, 그러니까 유전자 Tt를 가지고 있을 거예요. 그래야 tt 유전자를 가진 명수가 태어날 수 있으니까요. 그러면 누나는 어떤 유전자를 갖고 있을까요? 좀 어렵죠?

누나가 가진 유전자는 두 가지 가운데 하나일 거예요. 가계도에서 누나는 혀 말기를 할 수 있는 것으로 표시되어 있으니까, TT 혹은 Tt 유전자를 가지고 있겠죠. 여러분도 이렇게 생각했다고요?

ABO식 혈액형 유전

이번에는 ABO식 혈액형에 대해 알아보기로 해요. 그런데 ABO식 혈액형 유전에서 유의해야 할 것이 있어요. ABO식 혈액형을 결정하는 유전자는 3개거든요. 혀 말기는 T와 t 두 가지 유전자에 따라 정해졌는데, ABO식 혈액형은 A, B, O 이렇게 유전자 3개와 관계있어요.

자, 같이 생각해 볼까요? 은희가 엄마로부터 A라는 유전자를, 아빠로부터 B라는 유전자를 받았다면 은희는 유전자 AB를 가질 거예요. 만일 엄마로부터 유전자 B, 아빠로부터 O를 받았다면 은희의 혈액형 유전자는 BO가 되고요. 이렇게 해서 ABO식 혈액형에는 다음처럼 여섯 가지가 생겨요.

> **AA, AO, BB, BO, AB, OO**

그런데 ABO식 혈액형 유전에서 유전자 A나 B에 대해 O는 열성으로 작용하고, A와 B 사이에는 우열 관계가 없어요. 좀 특이하죠? 그러면 유전자가 AO인 사람은 혈액형이 무슨 형일까요?

A형이죠. 마찬가지로 유전자형이 BO이면 B형이에요. 그럼 AB형(AB)이 O형(OO)과 결혼해서 아이를 낳으면 그 아이의 혈액형은 무엇일까요?

아이는 A형이나 B형으로 태어납니다. 두 사람 사이에서 태어나는 아이는 모두 AO이거나 BO 유전자를 가지니까요. 그럼 처음에 나왔던 문제를 생각해 봐요. 명수 엄마는 A형, 아빠는 B형이라고 할 때 명수의 혈액형이 O형일 수 있을까요?

이때 엄마의 유전자가 AO이고, 아빠의 유전자가 BO라면 자식의 혈액형은 AB, AO, BO, OO 가운데 하나일 거예요. 그러므로 부모 중에 O형 혈액형을 가진 사람이 없더라도, 자식이 O형으로 태어날 수 있답니다. 여기서 주의할 것은 명수의 혈액형과 누나의 혈액형이 다를 수 있다는 거예요. 명수의 누나 혈액형도 AB, AO, BO, OO 가운데 하나겠죠.

여러분 중에 엄마, 아빠와 혈액형이 다른 친구가 있나요? 왜 그런지 의아하게 생각했던 친구들도 있겠지만, 이제 ABO식 혈액형을 공부하고 나니 그럴 수도 있다는 것을 알게 되었을 거예요. 원리를 알고 나니 스스로 이해할 수 있게 되지요? 우리가 공부할 때 답을 먼저 보려고 하지 말고 원리를 깊이 생각하는 습관을 들이는 것이 과학을 쉽고 재미있게 배울 수 있는 비결이랍니다.

자, 여기까지 잘 따라오셨나요? 이해하기 어려운 친구들은 나중에 중학교에 가서도 배울 수 있으니 너무 걱정하지 마세요.

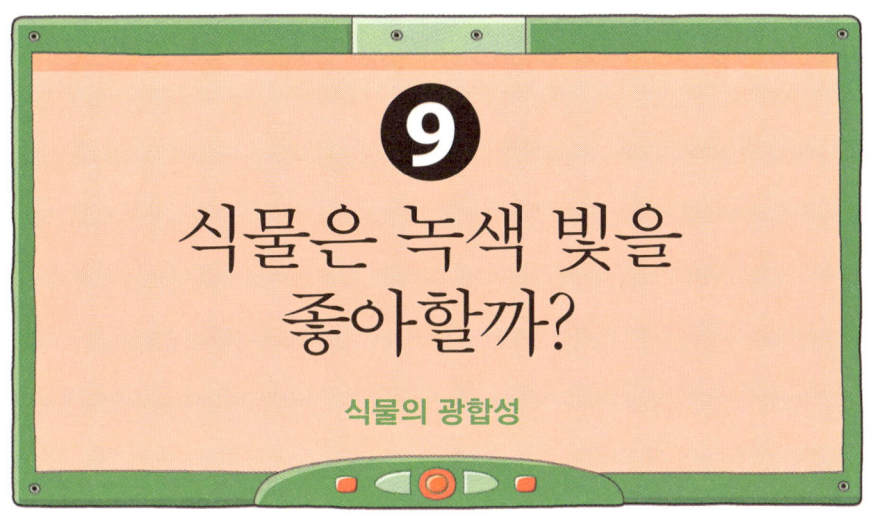

9 식물은 녹색 빛을 좋아할까?

식물의 광합성

봄이나 여름이면 많은 사람이 산과 들을 찾습니다. 이런 계절에는 나무에 녹색 잎이 달려 있는 모습을 흔히 볼 수 있어요. 어떤 나무는 가을이 되면 붉고 노란 잎으로 옷을 갈아입지만, 어떤 나무는 사시사철 녹색 잎을 달고 있기도 해요. 이런 나무를 사철나무라고 하는데, 겨울에도 잎이 푸르다고 해서 겨우살이나무나 동청목(冬靑木)이라고 부르기도 합니다.

우리 눈은 녹색을 보면 편안함을 느낍니다. 건물이 빽빽한 도시에서 생활하다가 푸른 나무가 많은 숲이나 산에 가 보면 눈앞이 시원해지는 것을 느낄 거예요. 반면 붉은색 나뭇잎을 볼 때면 처음에는 멋있어 보이지만 금방 눈이 피곤해질 수 있어요.

그렇다면 식물은 녹색 빛을 좋아할까요? 한 가지 실험을 통해서 알아보기로 해요. 오른쪽 그림처럼 유리종 안에 식물을 넣고 녹색 셀로판지로 덮습니다. 그리고 나서 이산화탄소를 공급하며 빛을 쪼여 준다면, 광합성이 어떻게 이루어질까요? 녹색 빛을 쬔 식물의 광합성은 더 활발하게 일어날까요?

녹색이니까 녹색 빛을 ….

? 식물이 녹색 빛을 쐬면 광합성이 잘될까?

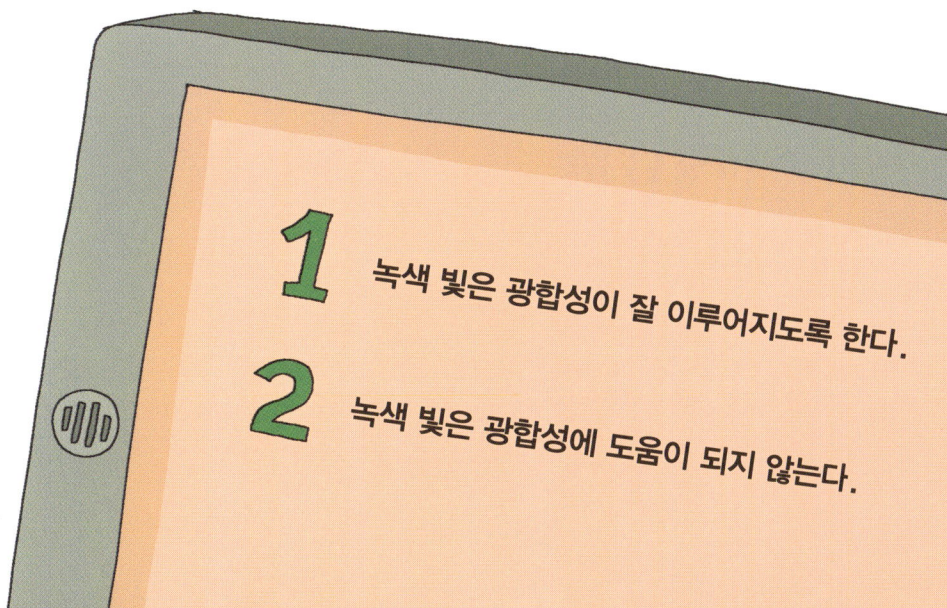

 ## 지구에 생물이 살 수 있도록 해 주는 고마운 태양

　햇빛은 약 1억 5,000만 킬로미터(km)를 날아서 지구에 와요. 오늘도 햇빛은 먼 거리를 날아와서 우리 지구를 비춰 주죠. 햇빛이 없다면 지구는 깜깜한 밤이 되고, 겨울 날씨처럼 추워질 거예요.

　춥거나 어둡기도 하겠지만 더 큰 문제는 지구에 있는 모든 생물이 먹을 게 없어진다는 거예요. 햇빛이 없다면 식물이 광합성을 할 수 없을 것입니다. 그러면 식물이 더 이상 살 수 없을 것이고, 식물을 먹고 사는 동물도 먹이를 얻을 수 없을 거예요. 동물을 먹고 사는 동물 또한 마찬가지겠죠? 물론 사람도 밥을 먹을 수 없을 테고요. 우리가 먹는 밥은 바로 식물이 광합성을 해서 만들어 낸 것이니까요. 이렇게 햇빛이 없다면 식물뿐 아니라 지구에 있는 모든 생물이 죽고 말 거예요.

　그러고 보면 태양은 정말 고마운 별입니다. 지구에 있는 모든 생물이 태양 에너지를 이용해서 살아가니까요. 천문학자들의 말에 따르면 언젠가는 태양도 그 빛을 잃어버린다고 해요. 태양이 빛을 잃으면 지구에 있는 모든 생물도 더 이상 살 수 없을 것입니다.

　산이나 들에 가 보면 햇빛을 받으며 싱싱하게 자라는 식물들을 볼 수 있을 거예요. 식물이 햇빛을 받으며 신 나게 광합성을 할 때 우리 또한 건강하게 살아갈 수 있답니다.

스스로 빛을 내는 별인 태양은 우리에게 어머니와 같은 존재다. 태양이 내는 빛은 지구를 따뜻하게 만들어서 지구의 모든 생명이 살 수 있게 해 준다. 태양은 지구보다 109배나 크고, 태양의 무게는 태양계 전체의 99퍼센트를 차지한다.

생물의 밥을 만들어 주는 광합성

지구에는 소리 없는 밥 공장이 있어요. 그게 무슨 말이냐고요? 바로 나뭇잎이 햇빛을 이용해서 해마다 2,000여 억 톤(t)에 이르는 생물의 밥을 만들어 주거든요. 나뭇잎 공장이 햇빛으로 가동되는 셈이죠. 그리고 그 굴뚝에서는 산소가 뿜어져 나와요. 우리가 산소를 어디에 쓴다고 했죠? 세포에서 에너지를 만드는 데 쓴다고 했어요. 그러고 보면 우리가 살아가는 데 필요한 밥과 숨 두 가지를 다 식물의 광합성이 만들어 주네요.

광합성 공장에서 쓰이는 원료는 두 가지예요. 바로 물과 이산화탄소입니다. 이산화탄소는 탄소 원자 1개와 산소 원자 2개가 모여서 만드는 분자예요. 화학식으로 CO_2라고도 쓰죠. 그렇다면 식물은 이산화탄소를 어디에서 얻을까요?

공기로부터 얻습니다. 이산화탄소는 잎의 기공을 통해 식물에게 들어가요. 물은 식물의 뿌리를 통해 올라오죠. 이렇게 광합성의 원료 가운데 하나는 대기에서, 하나는 땅에서 얻어요. 우리가 먹는 밥의 원료가 하늘과 땅에 있는 거예요.

그럼 광합성에 대해 정리해 볼까요? 광합성이란 식물의 기공을 통해 들어온 이산화탄소와 뿌리로부터 올라온 물, 그리고 햇빛을 통해 식물이 에너지를 얻어서 밥(포도당)을 만드는 거예요.

이산화탄소 + 물 + 빛에너지 → 포도당 + 산소

사람이 주식으로 먹는 쌀, 감자, 고구마, 밀, 옥수수 등은 녹말이 주성분이에요. 1장에서 녹말은 광합성으로 생긴 포도당을 식물이 저장하기 위해 만든 영양소라고 했었죠? 그러므로 식물은 이산화탄소, 물, 햇빛으로 우리가 먹는 '밥'을 만들어 주는 셈이에요. 밥을 먹으면 결국 햇빛 에너지를 먹는 것이라고 할 수 있죠.

 우리를 숨 쉴 수 있게 하는 광합성

광합성은 우리에게 밥을 만들어 줄 뿐 아니라 숨도 쉬게 해 준다고 했어요. 광합성 공장의 굴뚝에서는 연기 대신 산소가 나오죠.

식물의 잎에 햇빛이 비치면 물이 분해되어 산소가 발생합니다. 산소 원자 1개와 수소 원자 2개가 모여서 물이 된다는 것은 알고 있죠? 원소기호로는 물을 H_2O라고 쓰죠. 잎에 햇빛이 비치면 물을 이루는 수소와 산소가 분리되어 산소가 발생하는 거예요. 산소는 세포에서 포도당을 분해하는 데 쓰인답니다.

포도당 + 산소 → 이산화탄소 + 물 + 에너지

그러고 보니 우리 몸에서 포도당을 분해하는 반응은 광합성 반응과 반대라는 것을 알 수 있네요. 그럼 포도당이 분해될 때 나오는 에너지는 어디에서 왔을까요? 바로 햇빛으로부터 온 것이랍니다. 이렇게 광합성은 우리에게 밥과 산소를 공급해 준답니다. 그러니 우리는 식물에게 고마워해야 해요. 햇빛이 아무리 지구를 비추어도, 식물이 광합성을 하지 않는다면 우리가 밥을 먹고 숨을 쉬며 살아갈 수 없을 테니까요.

엽록체는 광합성 기계

공장에는 기계가 있죠? 광합성 공장에도 기계가 있답니다. 광합성 공장에 있는 기계는 바로 엽록체예요. '엽록체'란 잎에 들어 있는 녹색 알갱이라는 뜻에서 붙여진 이름이에요. 엽록체라는 기계에 물과 이산화탄소를 집어넣으면 산소와 포도당이라는 제품이 나오죠. 이때 기계가 작동하는 힘은 햇빛에서 온답니다.

이번에는 엽록체의 생김새를 한 번 살펴보도록 해요. 생물 기관의 생김새는 그것이 하는 일과 관련이 깊답니다. 마찬가지로 엽록

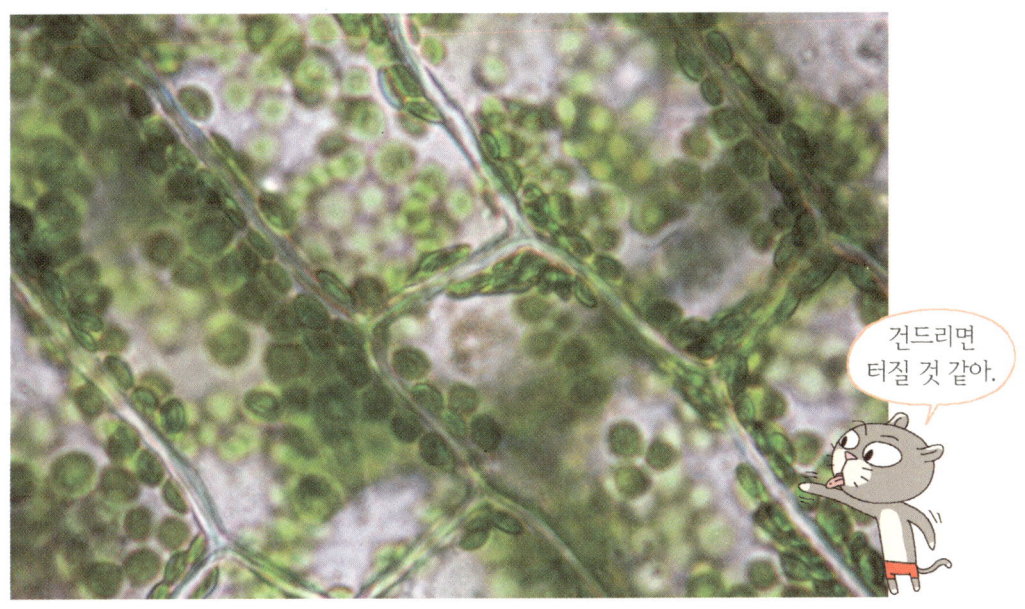

건드리면 터질 것 같아.

체도 광합성을 하기에 좋은 생김새를 가지고 있죠.

엽록체는 위 사진에서 보이듯이 타원형 공처럼 생겼어요. 크기는 5마이크로미터 정도($1\mu m = 1/1000mm$)이고요. 아주 작죠? 현미경으로 보면 작은 녹색 알갱이처럼 보이는데, 하나의 잎 세포 안에 보통 엽록체 수십 개가 들어 있답니다.

엽록체는 두 겹의 막으로 쌓여 있어요. 세포에는 두 겹의 막을 가진 기관이 세 군데 있는데 바로 핵, 엽록체, 미토콘드리아랍니다. 모두 중요한 세포 기관이죠.

위 그림을 보면 두 겹의 막 안에 동전처럼 쌓여 있는 것들이 보이죠? 그것을 '그라나'라고 해요. 그리고 동전처럼 생긴 것 하나하나를 '틸라코이드'라고 하죠. 틸라코이드는 막으로 된 주머니로, 안쪽에는 물이 차 있답니다. 엽록체의 안쪽 막과 그라나 사이의 공간은 '스트로마'라고 부르는데, 이곳에도 물이 차 있어요.

 **빛을 받아들이는 엽록소**

광합성에는 빛이 필요하다고 했죠? 엽록체에는 빛을 받아들이는 장치가 있습니다. 바로 엽록체 안에 있는 녹색 색소인 엽록소가 빛

을 받아들여요. 우리 몸이 활동하는 데 필요한 에너지는 모두 엽록소가 받아들인 햇빛으로부터 오지요. 그래서 엽록소는 생물계의 창문이라고도 할 수 있답니다.

그러면 엽록소는 어디에 있을까요? 아까 엽록체 안에 있는 동전처럼 생긴 막 주머니를 틸라코이드라고 했죠? 바로 틸라코이드 막에 빛을 받아들이는 엽록소가 있답니다. 그런데 수많은 엽록소는 따로따로 떨어져 있지 않아요. 보통 200에서 300개가 함께 모여 있죠. 엽록소는 이렇게 모여서 빛을 받아들여요. 가끔 엽록체와 엽록소를 혼동하는 친구들도 있는데, 이제부터는 엽록체 안에 엽록소가 있다는 것을 기억해 두세요.

엽록소가 빛을 받아들이면 물을 분해하는 힘이 생기고, 또한 빛에너지가 화학에너지로 변합니다. 바로 이것이 엽록소의 특별한 기능이에요. 돌에 햇빛이 비쳤다고 생각해 봐요. 돌이 따뜻해질 거예요. 빛에너지가 열에너지로 변했기 때문이죠. 하지만 그 열은 우리 몸이 이용할 수 없습니다. 한 번 열로 변한 에너지는 우리 몸이 쓸 수 없거든요.

아, 따뜻한 돌을 쥐고 있으면 손이 따뜻해지니까 우리 몸이 열을 이용한다고 생각할 수도 있겠네요. 하지만 여기서 '우리 몸이 이용한다.'라고 하는 것은 근육을 움직인다든가, 필요한 물질을 만드는 등 우리 몸 안에서 무엇인가 일을 할 때 에너지를 쓰는 것을 말해요. 그러므로 돌을 만져서 손이 따뜻해지는 것을 보고 우리 몸이 열을 이용한다고 하지는 않는답니다.

반면 엽록소가 빛을 받으면 빛에너지가 대부분 화학에너지로 바뀝니다. 이 화학에너지가 포도당에 저장되면 나중에 우리가 그 에너지를 이용하는 거예요.

광합성에 쓰이는 빛

여러분 가시광선이라는 말을 들어 봤죠? 가시광선은 '볼 수 있는 빛'이라는 뜻이에요. 보통 '빛'이라는 말을 쓸 때 바로 이 가시광선을 말하는 거죠. 자외선, 적외선, 혹은 X선 같은 광선은 우리 눈에 보이지 않거든요.

가시광선에는 여러 색깔이 있답니다. 이 빛이 한꺼번에 비칠 때 우리에게는 아무런 색이 없는 것처럼 보여요. 하지만 무지개는 빨, 주, 노, 초, 파, 남, 보 이렇게 여러 색을 가지고 있죠? 물방울에 빛이 굴절되는 정도가 빛의 색깔에 따라 달라서 무지개가 나타나는 거예요. 그렇다면 엽록소는 빛의 색에 관계없이 모든 가시광선을 똑같이 흡수할까요?

풍선을 예로 들어 볼게요. 빨간 풍선을 떠올려 보세요. 이 풍선은 빨간색 빛을 잘 흡수할까요, 아니면 흡수하지 못할까요?

풍선이 빨갛게 보이는 이유는, 다른 색 빛은 흡수하고 빨간색 빛만 반사하기 때문입니다. 그럼 엽록소는 어떨까요? 벌써 답을 알겠다고요? 엽록소 역시 다른 색은 잘 흡수하는데 녹색 빛만 반사해서 녹색으로 보이는 것이죠.

그렇다면 식물이 녹색 빛을 쬐면 광합성이 잘 될까요? 187쪽 그림을 다시 한 번 보세요. 유리종 안에 식물을 넣고 녹색 셀로판지를 덮어 놓은 다음, 이산화탄소를 넣어 주면 식물의 광합성에 어떤 변

녹색 빛만 반사 함.

화가 일어날까요?

파란색 안경을 쓰면 세상이 파랗게 보이고, 빨간색 안경을 쓰면 빨갛게 보이죠. 그 이유는 파란색 안경이 다른 색은 흡수하지만 파란색은 통과시키고, 빨간색 안경 역시 빨간색만 통과시키기 때문이랍니다.

그렇다면 유리종에 녹색 셀로판지를 덮어 놓으면 식물에게 비치는 빛은 녹색 빛일 거예요. 그런데 녹색 빛은 엽록소가 반사한다고 했죠? 그러므로 녹색 셀로판지를 덮어 놓으면 엽록소가 빛을 흡수하지 않고 반사해서 식물이 광합성을 제대로 할 수 없을 거예요. 이런 상태로 오래 놓아둔다면 그 식물은 죽고 말겠죠. 녹색을 띠는 식물이 많다고 해서 녹색 빛이 광합성을 돕는 것은 아니라는 걸 이제 알겠죠?

 **광합성이 잘되는 색**

좀 전에 엽록소가 녹색 빛을 반사하기 때문에 식물에게 녹색 빛을 쪼이면 광합성이 잘 안된다고 했어요. 그렇다면 광합성이 활발

해지게 하는 빛이 따로 있을까요?

1883년 독일의 엥겔만이라는 식물학자는 실험을 통해서 광합성이 잘되는 빛이 무슨 색인지를 알아냈어요. 이 실험은 간단하지만 아주 유명하답니다. 엥겔만은 '해캄'이라는 녹조류를 이용했습니다. 해캄은 머리카락처럼 기다랗게 생긴 생물로 물에서 광합성을 하죠.

엥겔만은 아래 그림처럼 해캄과 호기성 세균을 함께 놓고, 해캄에 빛을 쪼였어요. 호기성 세균은 산소를 좋아하는 세균을 말해요. 그런데 엥겔만은 이 실험에서 빛을 그냥 쪼여 준 것이 아니었어요.

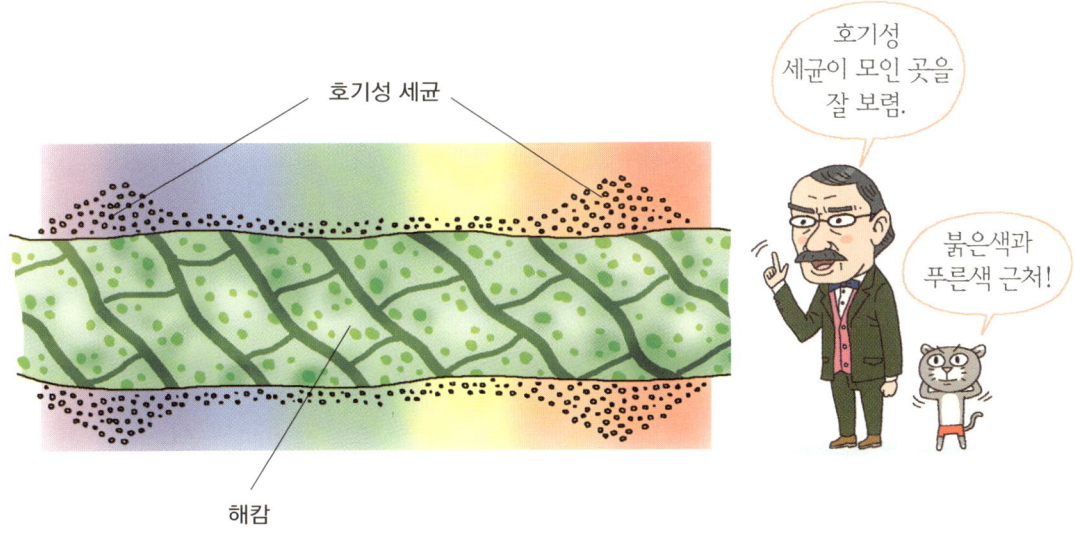

그는 프리즘에 햇빛을 통과시켜서 무지개색이 나타나도록 했습니다. 그 결과 그림에서처럼 호기성 세균이 청색과 붉은색 근처로 모여들었어요. 호기성 세균은 왜 푸른색과 붉은색 빛 주위로 모였을까요?

호기성 세균은 산소를 좋아한다고 했습니다. 그러니까 이 실험에서 호기성 세균이 모인 곳, 즉 푸른색 빛과 붉은색 빛을 비치는 곳에 산소가 많다는 것을 알 수 있죠. 그런데 왜 이 부분에 산소가 많을까요?

바로 광합성이 활발하게 일어나기 때문이에요. 엥겔만은 이렇게 간단한 실험으로 청색과 붉은색 빛 아래서 광합성이 잘된다는 것을 증명해 보였답니다.

 **포도당은 녹말로 저장된다**

식물은 광합성으로 생긴 포도당을 잎에 저장할 때 대부분 녹말로 만든다고 했어요. 그러므로 광합성으로 포도당이 생긴다고 해도 맞고, 녹말이 생긴다고 해도 맞는 말이죠.

　녹말은 물에 잘 녹지 않고, 포도당 여러 개로 연결되어 있기 때문에 한곳에 저장하기가 편리하답니다. 마치 장작을 묶어서 쌓아 두거나 곶감을 이어서 보관하는 것과 같다고나 할까요? 물론 사탕수수나 사탕무처럼 포도당을 설탕으로 저장하는 식물도 있긴 하지만, 대부분의 식물은 녹말로 저장해요. 포도당이 녹말로 합성되는 곳은 엽록체입니다. 위 그림을 보세요. 포도당은 보통 육각형으로 나타내요. 그림처럼 포도당이 길게 이어진 상태가 녹말이 되는 것이랍니다. 녹말은 우리가 먹는 쌀, 밀, 보리, 감자, 고구마 등에 많이 들어 있는 탄수화물이죠.

　식물이 광합성을 하면 녹말이 생긴다는 것을 식물의 잎을 이용한

간단한 실험으로 알 수 있어요. 위 그림처럼 햇빛이 통과하지 않는 은박지로 잎의 일부를 가린 다음 햇빛 아래 두면, 가려진 부분에서는 광합성이 일어나지 않습니다. 이 잎을 따서 에탄올에 넣고 가열하면 잎이 종이처럼 하얗게 변한답니다. 바로 엽록소가 녹아서 잎에서 빠져나오거든요. 이 잎에 요오드-요오드화칼륨 용액를 떨어뜨리면 어떻게 될까요?

은박지로 가린 곳에서는 아무 반응도 일어나지 않지만, 가리지 않았던 부분은 청남색으로 변합니다. 왜 그럴까요? 그 부분에는 광합성으로 생긴 녹말이 있기 때문이에요. 녹말은 요오드-요오드화칼륨 용액을 만나면 청남색으로 변하거든요. 이렇게 녹말이 요오드-요오드화칼륨 용액을 만나면 청남색으로 변하는 것을 '요오드 반응'이라고 합니다.

우리가 먹는 쌀이 바로 벼가 광합성을 해서 저장한 녹말로 이루어져 있습니다. 쌀밥에도 햇빛의 에너지가 들어 있는 셈이죠. 우리가 쌀밥을 먹는다는 것은 햇빛 에너지를 먹는 것과 같다고 했죠? 식물이 햇빛을 화학에너지로 바꿔서 쌀에 저장해 놓았으니까요. 그래서 광합성은 빛에너지를 화학에너지로 바꾸어 저장하는 과정이라고 할 수 있답니다.

자, 이야기를 마치기 전에 처음에 했던 질문과 우리가 알게 된 답을 다시 한 번 생각해 볼까요? 식물은 녹색 빛을 받아들이지 않고 반사하기 때문에 녹색으로 보인다고 했지요. 이러한 원리로 우리 눈에 보이는 물체의 색은 그 물체가 반사하는 색이라는 것을 알 수 있습니다. 이렇게 하나의 원리를 알면 다른 현상에도 적용해서 생각해 보는 습관을 들여 보세요. 주변의 많은 것들이 새롭게 보일 거예요.

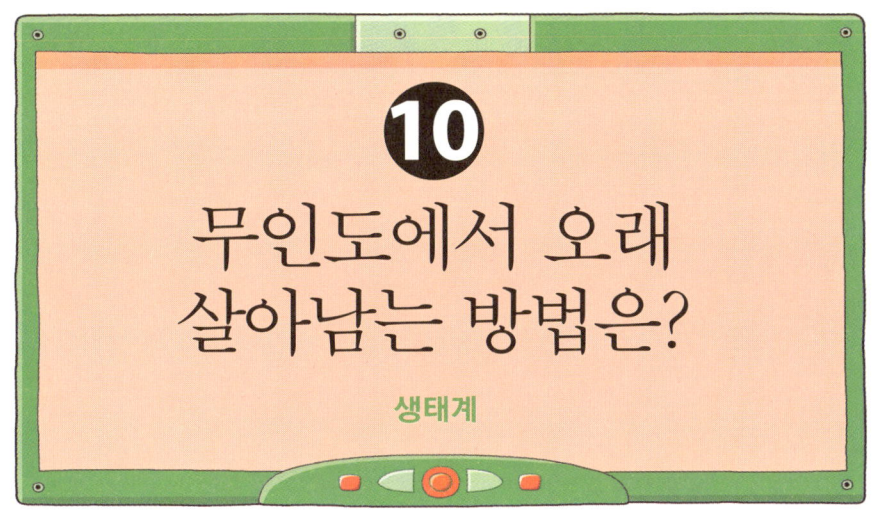

10 무인도에서 오래 살아남는 방법은?

생태계

한 사람이 바다에서 배를 타고 가다가 배가 고장 났습니다. 그는 바다에서 파도가 치는 대로 떠다니게 되었죠. 그 사람은 가지고 있던 식량과 물을 조금씩 먹으며 구조되기만을 기다렸어요. 그러나 지나가는 배도 없어서 오랫동안 바다를 떠다니게 되었습니다.

그는 지쳐서 잠이 들었습니다. 그러다가 깨어 보니, 배가 조그만 무인도 근처 바닷가에 멈춰 있었어요. 그 섬에 내려서 살펴보니 샘물이 하나 있을 뿐이고, 사람이 먹을 거라고는 하나도 없었어요. 그 사람이 가지고 있던 것은 암탉 한 마리와 쌀 한 자루뿐이었죠. 그는 암탉 한 마리와 한 자루의 쌀을 먹으며 될 수 있는 대로 오래 버텨

야만 했습니다. 그래야 혹시라도 지나가는 배가 있으면 구조될 수 있을 테니까요.

그 사람은 고민하기 시작했어요.

'쌀을 먼저 먹어야 할까, 닭을 먼저 먹어야 할까? 아니면 쌀을 닭에게 주고, 닭이 알을 낳을 때까지 기다려서 그 알을 먹어야 하나?'

여러분이 만일 그 무인도에 홀로 있다면 무엇을 먼저 먹을 건가요? 닭을 먼저? 아니면 쌀을 먼저? 아니면 닭에게 쌀을 먹이고, 닭이 낳는 알을 먹을 건가요?

쌀 한 자루와 닭 한 마리뿐인 무인도에서 오래 살아남으려면 무엇을 먼저 먹어야 할까?

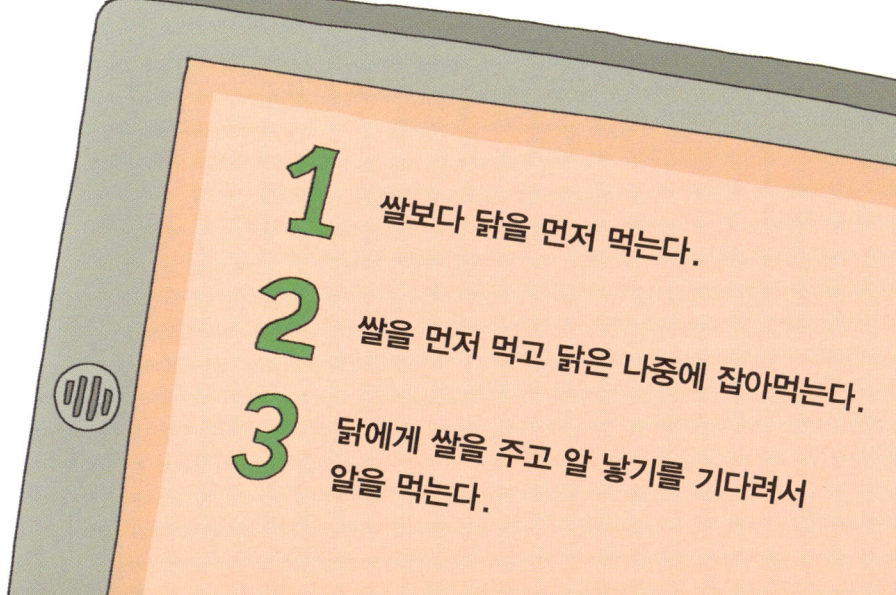

 **생태계를 이루는 것들**

숲에 가면 여러 종류의 나무가 보입니다. 우리나라 산의 대표적인 나무인 소나무와 참나무는 물론 떡갈나무, 신갈나무, 단풍나무, 밤나무 등이 저마다 자기 모습을 뽐내고 있죠. 숲에는 나무들만 있는 게 아니죠? 할미꽃, 패랭이꽃, 초롱꽃이 있는가 하면 구절초나 쑥부쟁이 같은 풀도 있고, 습한 곳에서는 이끼도 삽니다.

숲을 걷다 보면 다람쥐가 잽싸게 나무를 올라가는 것이 보이기도 해요. 다람쥐뿐인가요? 토끼, 노루, 멧돼지 등 숲에는 많은 동물이 살아요. 또 나무를 올려다보면 새가 앉아 있는 모습도 볼 수 있죠. 그런가 하면 꿩이 나무 사이로 날아가는 모습도 종종 볼 수 있습니다. 그 밖에도 숲에서는 직박구리, 꾀꼬리, 딱따구리 등 여러 종류의 새가 날아다니죠.

그런가 하면 산에는 곤충도 많이 삽니다. 호랑나비, 표범나비 등의 나비뿐 아니라 잠자리나 벌 같은 곤충도 살고요. 나무 사이에 줄을 치고 있는 거미도 볼 수 있죠. 우리 눈에 보이지는 않지만, 낙엽 밑에 깔린 흙 속에서도 작은 생물들이 많이 살아요. 이렇게 숲에는 다양한 생물들이 살고 있답니다.

숲에서 숨을 크게 들이 쉬어 보세요. 맑은 공기가 가슴 깊이 들어올 거예요. 숲은 산소를 만들어 내죠. 해가 비칠 때 숲의 식물들이 광합성을 하면, 산소가 공기 중으로 뿜어져 나옵니다. 숲은 산소를 만들어서 대기를 신선하게 해 줘요. 그리고 숲이나 산은 공기 뿐만 아니라 물도 품고 있어요. 나무가 많은 산의 계곡에서 맑은 물이 흐르는 것은, 숲이 간직하고 있는 물을 흘려보내기 때문이에요.

이렇게 숲에서는 많은 종류의 생물이 함께 어울려서 살아갑니다. 우리는 어떤 곳에 여러 종류의 생물이 더불어 살아갈 때 그곳을 하나의 '생태계'라고 불러요. 생태계에는 생물만 포함되는 것은 아니에요. 생물이 살아가려면 땅도 있어야 하고, 공기도 있어야 하고, 물도 있어야 하죠. 생태계는 이렇게 생물이 아닌 것까지 포함합니다.

숲은 하나의 훌륭한 생태계라고 할 수 있습니다. 그곳에는 땅과 공기, 그리고 물이 있어서 생물이 살아갈 수 있고, 또한 여러 종류의 생물이 더불어 살아가니까요. 숲이 하나의 생태계라면 바다도 훌륭한 생태계랍니다. 바다에는 식물도 있고, 작은 플랑크톤도 있고, 수많은 물고기가 있죠. 그리고 바닷물이 있고요. 마찬가지로 호수도 하나의 생태계라고 할 수 있답니다.

서로 관계를 맺고 사는 생물

생물은 홀로 살 수 없어요. 항상 더불어 살아가야 합니다. 생태계를 이루는 생물은 생산자, 소비자, 분해자 이렇게 세 가지로 나눌 수 있어요.

'생산자'란 광합성을 하는 녹색식물을 말합니다. 식물이 광합성을 하면 포도당이 만들어지니까 생산한다고 할 수 있죠? 우리 주변에서 보이는 녹색식물은 모두 생태계의 생산자인 셈이에요.

그렇다면 소비자는 어떤 생물일까요? '소비자'란 식물을 먹거나 다른 동물을 잡아먹고 사는 동물을 말합니다. 자기 스스로 영양소를 만들지 못하고 소비만 한다고 해서 소비자라고 부르죠. 소비자에 속하는 동물은 식물이 만들어 놓은 영양소로부터 에너지를 얻는답니다. 예를 들어 볼까요?

토끼나 소는 풀을 먹고 살죠. 이렇게 풀이나 나뭇잎을 먹고 사는 동물을 '초식동물'이라고 하는데, 이러한 초식동물이 바로 소비자예요. 동물 가운데는 식물을 먹지 않고 다른 동물을 잡아먹고 사는 동물도 있습니다. 이러한 동물은 '육식동물'이라고 하죠. 뱀이나 호랑이, 사자가 바로 육식동물이에요. 이렇게 다른 동물을 잡아먹고 사는 육식동물도 소비자에 속합니다.

　또 동물 중에는 식물도 먹고, 동물도 먹는 것이 있어요. 이러한 동물은 '잡식동물'이라고 부르는데, 우리 사람이 바로 잡식동물에 속한답니다. 그러므로 소비자에는 초식동물, 육식동물, 잡식동물 이렇게 세 가지 부류가 있는 셈이죠.

　초식동물을 '1차 소비자'라고도 합니다. 식물로부터 일차적으로 에너지를 얻기 때문에 이렇게 부르죠. 반면에 육식동물은 '2차 소비자'라고 하는데, 초식동물이 식물로부터 얻은 에너지를 육식동물이 이차적으로 얻어서 산다고 하여 이런 이름이 붙여졌어요. 그렇다면 사람은 어디 속할까요?

　사람은 식물도 먹고 동물도 먹으니 1차 소비자이기도 하고, 2차 소비자이기도 하답니다. 한편 2차 소비자에 속하는 동물을 잡아먹고 사는 동물은 3차 소비자라고 부릅니다.

　그런가 하면 다른 생물이 죽은 시체를 분해하여 영양소를 얻는 미생물도 있어요. 이렇게 다른 생물을 분해하는 작은 생물들을 '분해자'라고 하죠. 대장균, 젖산균 등 세균은 거의 모두 분해자에 속하고, 버섯이나 곰팡이도 분해자에 포함시켜요.

　이렇게 생태계에는 생산자, 소비자, 분해자라는 세 가지 부류의

생물이 있습니다. 이 세 가지 종류의 생물이 모두 있어야 생태계가 유지돼요. 그러므로 생산자, 소비자, 분해자는 함께 살아야 한답니다. 그럼 세 가지 생물이 더불어 살아야 하는 이유에 대해 좀 더 생각해 보기로 해요.

생산자인 식물은 소비자에게 에너지와 몸을 만들 수 있는 영양소를 줍니다. 만일 생산자가 광합성을 하지 않는다면 소비자인 동물은 더 이상 살아갈 수 없을 거예요. 그렇다면 생산자인 식물은 혼자서도 살아갈 수 있을까요?

여러분은 식물이 광합성을 하려면 이산화탄소가 필요하다는 것을 알고 있을 거예요. 동물이 호흡할 때 이산화탄소가 나오는데, 바로 이 이산화탄소를 식물이 이용하게 된답니다. 그러니 식물도 혼자서는 살아갈 수 없습니다.

그렇다면 분해자는 어떤 역할을 할까요? 모든 동물과 식물의 시체를 분해자인 미생물이 분해한답니다. 한 번 상상해 보세요. 동물이나 식물의 시체가 썩지 않는다면 어떻게 될지 말이에요. 자연은 죽은 동물이나 식물의 몸으로 가득 차고 말 것입니다. 그러면 동물과 식물이 이용할 영양소를 얻기가 어려워지겠죠. 동식물의 죽은 몸이 분해되어야 동물과 식물이 필요로 하는 원소들이 순환되니까요.

동물이 죽은 뒤에 흙에서 분해되고, 여기서 생기는 무기물을 식물이 다시 이용하고, 그 식물을 다시 동물이 먹습니다. 이렇게 분해자에 의해 물질이 순환해야 동물이나 식물이 살아갈 수 있어요. 그러므로 생산자, 소비자, 분해자가 더불어 살아야만 생태계가 잘 유지되는 것이랍니다.

 **먹고 먹히는 생물**

생태계에 사는 생물은 먹고 먹히는 관계를 가지고 있다고 했어요. 예를 들어 토끼는 풀을 뜯어 먹고 살고, 늑대는 토끼를 잡아먹고 삽니다. 또 호랑이는 늑대를 잡아먹고 살고요. 생태계에서 잡아먹는 쪽을 '포식자', 잡아먹히는 쪽을 '피식자'라고 불러요. 포식자와 피식자의 다른 예를 들어볼까요?

풀을 먹고 사는 메뚜기는 개구리가 잡아먹고, 뱀은 개구리를 잡아먹고, 매는 뱀을 잡아먹죠. 이렇게 생물은 포식자와 피식자의 관계를 맺고 있습니다. 이처럼 먹고 먹히는 관계를 '먹이사슬'이라고 하고, 먹이사슬이 복잡하게 얽혀 있는 것을 '먹이그물'이라고 해요. 먹이그물이 생기는 이유는 한 가지 생물이 한 가지 먹이만 먹고 살지 않기 때문이에요. 만일 어떤 생물이 한 가지 생물만 잡아먹고 산다면 어떻게 될까요?

잡아먹히는 생물이 없어진다면 그것을 잡아먹고 사는 생물 또한 더 이상 살 수 없게 되겠죠. 예를 들어 도마뱀이 오직 거미만 잡아먹고, 뱀은 오직 도마뱀만 잡아먹고 산다고 생각해 보세요. 거미의 수가 줄어들면 먹이를 먹지 못해서 도마뱀의 수가 줄어들 테고, 따

다양한 생물의 먹이그물

정말 복잡하네!

라서 뱀의 수도 줄겠지요. 만일 거미가 없어진다면 어떻게 될까요? 도마뱀과 뱀 역시 살 수 없을 것입니다. 그러나 도마뱀과 뱀이 여러 종류의 동물을 잡아먹고 산다면 거미가 없어져도 별로 영향을 받지 않을 거예요. 그러므로 먹이그물은 복잡할수록 좋답니다. 생태계가 복잡한 먹이그물을 가질수록 그 생태계는 안정되었다고 말할 수 있어요.

흘러가는 에너지

생태계에는 먹이사슬이 있다고 했습니다. 메뚜기는 풀을 뜯어 먹고, 개구리는 메뚜기를 먹고, 뱀은 개구리를 먹는 것처럼요.

여기서 한 가지 생각할 것이 있어요. 뱀이 개구리를 잡아먹고 살기 때문에 생태계에 개구리보다 뱀의 숫자가 많아서는 안 된다는 거예요. 잡아먹는 동물을 포식자, 잡아먹히는 동물을 피식자라고 했죠? 포식자의 숫자는 항상 피식자보다 적어야 한답니다. 피식자와 포식자의 에너지도 마찬가지에요. 하나의 생태계에 사는 개구리 전체가 가지고 있는 에너지와, 뱀 전체가 가지고 있는 에너지를 비교하면 어느 쪽이 많을까요?

물론 개구리가 가지고 있는 에너지가 많아야 합니다. 그래야 뱀이 살아갈 수 있을테니까요. 이렇게 생각해 보면 생산자는 1차 소비자보다, 1차 소비자는 2차 소비자보다 더 많은 에너지를 갖고 있어야 한다는 것을 알 수 있어요. 이러한 관계를 217쪽 그림처럼 피라미드로 나타내기도 한답니다. 이 피라미드를 '에너지 피라미드', 또는 '개체 수 피라미드'라고 부르죠.

그럼 이제 먹이사슬을 통한 에너지 흐름에 대해 생각해 보기로

해요. 먼저 생산자인 식물이 광합성을 합니다. 그러면 식물이 포도당 같은 영양소에 에너지를 저장하게 됩니다. 1차 소비자가 식물을 먹을 때, 식물이 갖고 있던 에너지는 1차 소비자에게로 가죠. 이런 식으로 에너지는 생산자에서 1차 소비자, 2차 소비자, 3차 소비자로 옮겨 가게 돼요. 만일 3차 소비자가 다른 생물에게 잡아먹히지 않고 죽으면 어떻게 될까요?

3차 소비자의 에너지는 바로 죽은 몸을 분해하는 세균에게로 갑니다. 세균이 완전히 분해하고 나면 3차 소비자의 몸을 이루던 물질은 흙으로 돌아가죠. 그리고 그 에너지는 세균이 가져가고요. 세균이 에너지를 이용하고 난 다음, 에너지는 마침내는 공기 중으로 나가게 된답니다.

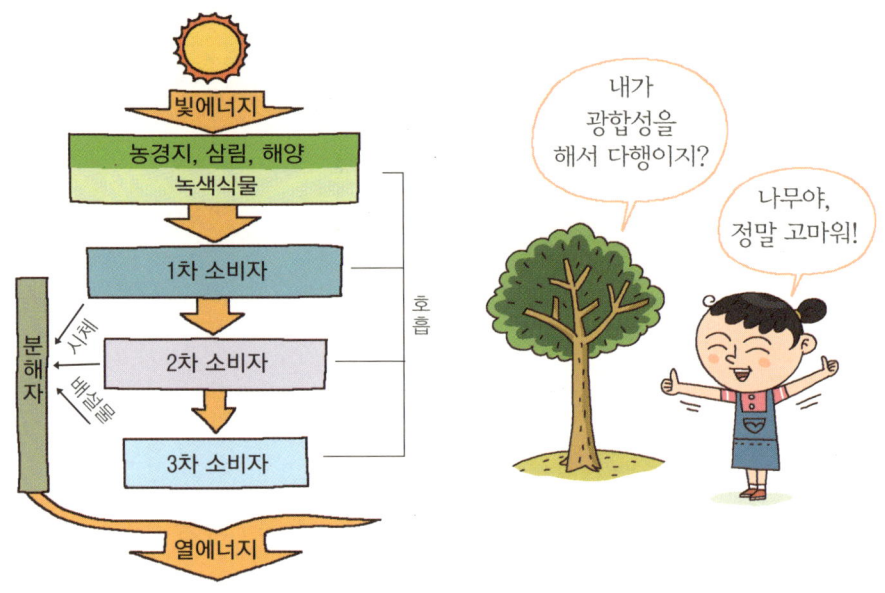

여기서 한 가지 생각할 것은 한 번 흘러간 에너지는 생물이 다시 이용할 수 없다는 거예요. 생물이 이용한 에너지는 결국 열의 형태로 공기 중으로 나가기 때문이죠. 그러므로 식물이 계속 광합성을 해서 에너지를 저장해야 동물이 살아갈 수 있답니다. 만일 식물이 광합성을 멈추게 되면 어떻게 될까요? 식물도 살지 못하지만, 동물이나 세균도 더 이상 살 수 없게 될 거예요.

 ## 에너지 효율

생산자의 에너지가 모두 1차 소비자에게로 가지는 않습니다. 왜 그럴까요? 생산자인 식물이 스스로 소비하는 에너지도 있고, 모든 식물이 동물에게 먹히지는 않으니까요. 마찬가지로 1차 소비자의 에너지도 모두 2차 소비자에게 가지 못합니다.

한 단계에서 다음 단계로 가는 에너지가 얼마나 되는지를 '에너지 효율(%)'로 나타내요. 예를 들어 뱀이 쥐만 먹고 산다고 할 때, 쥐가 가지고 있던 에너지 중 몇 %가 뱀에게 가는지를 나타내는 것이 에너지 효율이에요. 아래 그림처럼 쥐가 갖는 에너지가 100줄(J)이고, 뱀이 갖는 에너지가 10줄(J)이라고 하면 에너지 효율은 얼마나 될까요?

10%가 되죠. 보통 에너지 효율은 10%를 넘지 못한답니다. 3차 소비자의 에너지는 1차 소비자가 갖는 에너지의 1% 정도밖에 되지 않는 거예요. 그러므로 뱀 한 마리가 살아가려면 메뚜기의 작은 몸집을 생각할 때 메뚜기가 적어도 천 마리 이상 필요할 거예요. 보통 3차 소비자는 맹수인 경우가 많아요. 매나 독수리, 호랑이 등은 그 숫자가 매우 적죠. 맹수가 한 마리 살아가기 위해서는 메뚜기처럼 수많은 1차 소비자가 필요하기 때문이랍니다.

아래 그림은 사람이 곡식을 직접 먹을 때와 곡식을 먹인 소를 먹을 때 얻을 수 있는 에너지 양을 나타낸 거예요. (가)와 (나) 중 어느 쪽이 더 많은 에너지를 이용할 수 있을까요?

(가)에서는 사람이 1차 소비자예요. 그러나 (나)에서는 2차 소비자가 되죠. 즉, (나)의 사람은 (가)의 사람이 얻을 수 있는 에너지의 10% 정도밖에 얻을 수 없습니다. 그러므로 식량난을 해결하려면 사람이 1차 소비자가 되는 것이 좋답니다. 어떤 나라에 먹을 것이 없다면, 이 나라 사람들은 채식을 해야 할 거예요. 육식을 하면 사람이 2차 소비자가 되니까요.

자, 그러면 한 번 생각해보세요. 어떤 사람이 쌀 한 자루와 닭 한 마리를 가지고 무인도에 표류했을 때, 이 사람은 어떻게 해야 오래 살아남을 수 있을 까요?

사람이 1차 소비자가 될수록 에너지를 많이 얻는다고 했죠? 그러므로 닭을 먼저 먹고, 쌀을 나중에 먹는 것이 에너지를 얻으면서 오래 버틸 수 있는 비결이에요. 반대로 쌀을 먼저 먹고 닭을 먹으면 어떻겠냐고요?

닭이 그만큼 에너지를 써 버리기 때문에 에너지 면에서는 손해랍니다. 물론 닭에게 쌀을 주고 알을 낳기를 기다려서 그것을 먹는다면, 쌀을 먼저 먹고 닭을 나중에 먹는 것보다도 에너지의 손실이 더 많을 거예요.

 **소중한 생태계**

지금까지 알아본 것처럼 생태계는 여러 생물이 살아가는 삶의 터전이에요. 숲이나 들, 강이나 바다는 모두 소중한 생태계입니다. 아니, 지구 전체가 하나의 생태계이죠.

그런데 이렇게 소중한 생태계가 우리 인간에 의해 파괴되어 가고 있다는 것은 슬픈 일입니다. 집과 공장을 짓고, 도로를 건설하는 것이 모두 생태계를 파괴하는 일이에요. 물론 우리가 집이나 공장, 도로 없이 살 수는 없죠. 하지만 집 하나를 짓더라도, 도로를 하나 내더라도 신중해야 해요. 되도록 생태계를 파괴하지 않도록 말이에요.

생태계는 건설뿐만 아니라 환경오염에 때문에도 파괴되고 있어요. 환경이 오염되면서 생물의 종류가 점점 줄어들고 있고요. 생태계에 생물의 종류가 다양할수록 생물이 건강하게 살아갈 수 있다고 했습니다. 그러나 우리가 모르는 사이에 수많은 종류의 생물이 지구에서 사라져가고 있다니 안타까운 일이에요.

멸종된 생물은 다시는 생태계로 되돌아오지 못합니다. 지구에서 생물의 종류가 줄어든다는 것은 그만큼 생태계가 불안정해지는 것을 뜻하죠. 그러므로 우리는 환경오염을 최대한 줄이도록 노력해야 합니다. 우리 인간도 하나의 생물이니까요. 강물에 피라미가 사라진다면 머지않아 인간도 지구상에서 사라질 수 있다는 생각을 가지고, 주위에 있는 생물들을 소중하게 여겨야 해요. 그것이 우리 지구를 살리는 길입니다.

지금까지 우리 몸을 중심으로 생물의 원리에 대해 공부했습니다. 끝까지 책을 읽어 낸 우리 친구들을 칭찬하고 싶네요. 원래 과학은 자연의 원리를 공부하는 학문이지요. 그래서 좀 어렵게 느껴지는 것도 사실이랍니다. 하지만 함께 알아본 것처럼 개념과 원리를 이해하면서 차근차근 과학을 공부하다 보면 '아, 자연은 참 신비로운 것이구나!', '자연현상마다 원리가 숨어 있구나!' 하는 생각을 하게 될 거예요. 여러분이 앞으로도 원리를 이해하고 스스로 설명할 수 있는 힘을 키우면서 과학에 자신감을 갖기를 바랍니다.